人力资源管理师操作实务

工作分析与工作设计实务

主编 ◎ 葛玉辉　　副主编 ◎ 焦忆雷

第2版

Job Analysis and Job Design Practices

清华大学出版社
北 京

内 容 简 介

本书介绍了工作分析与工作设计的实务理论和实践，同时将大量案例穿插其中。首先，在介绍工作分析实务的理论基础上，对工作分析的操作实务进行了讲解，包括但不限于流程、方法、内容等。其次，强化了工作设计实务理论和实践介绍，增加了柔性工作设计、新组织工作设计和工作再设计等实操性较强的内容。本书以鲜明的表格和流程图为主，清晰地介绍了工作分析、工作设计的科学原理和操作技巧。

本书内容丰富，资料翔实，可操作性强，可作为高等院校经济管理专业本科生、MBA、研究生教材，也可供企事业单位人事行政总监、人力资源经理、人力资源主管、人力资源专员、行政专员等各级专业从业人员和其他非人力资源专业各级管理人员用于短期管理课程培训。

本书封面贴有清华大学出版社防伪标签，无标签者不得销售。
版权所有，侵权必究。举报：010-62782989，beiqinquan@tup.tsinghua.edu.cn。

图书在版编目（CIP）数据

工作分析与工作设计实务/葛玉辉主编. —2 版. —北京：清华大学出版社，2019（2024.8 重印）
（人力资源管理师操作实务）
ISBN 978-7-302-53315-3

Ⅰ.①工… Ⅱ.①葛… Ⅲ.①企业管理-人事管理 Ⅳ.①F272.92

中国版本图书馆 CIP 数据核字（2019）第 156849 号

责任编辑：邓 婷
封面设计：刘 超
版式设计：楠竹文化
责任校对：马军令
责任印制：沈 露

出版发行：清华大学出版社
网　　址：https://www.tup.com.cn, https://www.wqxuetang.com
地　　址：北京清华大学学研大厦 A 座　　邮　　编：100084
社 总 机：010-83470000　　邮　　购：010-62786544
投稿与读者服务：010-62776969, c-service@tup.tsinghua.edu.cn
质量反馈：010-62772015, zhiliang@tup.tsinghua.edu.cn

印 装 者：三河市龙大印装有限公司
经　　销：全国新华书店
开　　本：185mm×260mm　　印　张：12　　字　数：251 千字
版　　次：2011 年 1 月第 1 版　2019 年 11 月第 2 版　印　次：2024 年 8 月第 5 次印刷
定　　价：45.00 元

产品编号：081400-02

丛书主编

葛玉辉,男,1964年出生,华中科技大学管理学博士,上海理工大学管理学院教授、博士生导师、工商管理系主任、工商管理一流学科带头人,国内著名的管理咨询专家,中国管理学网名师,上海交通大学海外教育学院特聘教授,复旦大学特聘教授,同济大学特聘教授,慧泉(中国)国际教育集团高级教练,精品课程"人力资源管理"主讲教授,上海解放教育传媒·学网特聘教师,上海博示企业管理咨询有限公司技术总监,中国人力资源开发与管理委员会委员,上海人才学会理事,上海市系统工程学会会员,上海社会科学联合会会员,湖北省社会科学联合会会员,中国管理研究国际学会理事。葛玉辉在 African Journal of Business Management、Journal of Grey System、Journal of Computational Information Systems 等国外期刊,以及《预测》《管理工程学报》《科学学与科学技术管理》等国内期刊上公开发表学术论文260余篇,2000—2018年主持企业策划、人力资源开发与管理研究等科技项目40余项,其中国家级项目4项,省部级6项,横向课题31项,4项科研成果分获国家优秀成果奖二等奖、湖北省重大科技成果奖、湖北省科技进步三等奖。

丛书编委(排名不分先后)

宋　美　宋志强　张玉玲　孟陈莉　赵晓青　郭亮亮
高　雪　顾增旺　蔡弘毅　葛玉辉　焦忆雷　蔺思雨

总 序
PREFACE

本套"人力资源管理师操作实务"丛书第 2 版,是在丛书第 1 版的基础上结合新时代前沿理论和最新的行业实践要求,从人力资源工作实务的角度进行编写的。本丛书注重理论与实践平衡,强化实操,汲取了人力资源管理经典理论和新观点并融入了编者多年在管理咨询实践中的许多心得体会与经验,形成"理论—实战—工具—操作"的全新撰写思路。本书实操性强,注重理论、工具方法和实际操作的有机联系,充分利用丰富的图表来形象地表达和说明问题并结合案例进行分析,帮助读者尽快掌握人力资源管理实务操作技能。本丛书是人力资源管理者进行人力资源规范化管理、提高工作效率必备的实用工作手册和常用工具书。同时,本丛书为打造一个专门的板块特构建一个教学资源平台,读者可以从网站上下载工作中实用的表格或者文件的模板,也可以延伸阅读一些案例,为人力资源管理从业者打造了一个"阅读—下载—互动"的立体化平台。

1. 丛书(第 2 版)构成:一套 6 本

(1)《工作分析与工作设计实务(第 2 版)》

(2)《招聘与录用管理实务(第 2 版)》

(3)《员工培训与开发实务(第 2 版)》

(4)《绩效管理实务(第 2 版)》

(5)《薪酬管理实务(第 2 版)》

(6)《职业生涯规划管理实务(第 2 版)》

2. 丛书特色:理论—实战—工具—操作—下载—互动

(1)丛书第 2 版立足于中国情境并结合新时代特色将前沿理论融入丛书中,如《绩效管理实务(第 2 版)》一书中编者增加了最新的绩效考核工具目标—结果考核法(Objectives and Key Results,OKR)和经济增加值考核法(Economic Value Added,EVA)。

(2)从人力资源管理工作实务的角度出发,按照实际工作流程中的相应环节进行内容框架设计;内容丰富,与实际工作结合紧密,具有工具性特色。每章的结尾设置案例，便于读者结合理论进行分析和讨论。

（3）从实用性的角度出发，对知识讲解采取图和表等直观形式来说明；对一些具体工作文本工具表格，方便读者下载使用（下载地址：www.boshizixun.cn），突出实用性特色。

（4）对一些不容易用图和表示例的内容，针对各个工作环节中遇到的主要问题辅以实例说明；突出方法与技巧，帮助读者理解和掌握相关知识点；示例新、有代表性，完美地展现了人力资源管理的成功经验和实用技巧。

（5）形式活泼，书中增加了一些小案例、小测试或相关知识阅读推荐之类的小板块，使读者阅读起来更轻松，便于掌握。

（6）网络与丛书的互动。我们在互联网上搭建了一个编者与读者教与学的互动平台，将本丛书最新理论成果、策划案例分析、图形、表格、工作文本等相关资料展现在网上（www.boshizixun.cn），形成教与学互动，实现丛书资源共享。

3. 作者团队：学术界+企业界

本丛书的作者既有来自高校管理学院的教授、博士，又有来自管理咨询公司的资深高级咨询师，更有来自企业的人力资源总监、高层管理者，体现了理论与实践的完美结合、学术与应用的并重、操作与理念的相互渗透。

本丛书从调研、策划、构思、撰写到出版，前后历时两年。丛书第 2 版的出版，既是作者辛勤工作的成果，又是"产学研"团队合作的成功。在此我们衷心感谢团队成员付出的大量心血，也感谢清华大学出版社对本丛书出版给予的支持和帮助。

本丛书适合作为经济管理类专业的本科生、研究生和 MBA 教材，也可供研究人员及各类组织的管理人员自学和培训使用。

在编写本套丛书的过程中，我们参阅和借鉴了大量的相关图书与论文，在此谨向这些图书和论文的作者表示最诚挚的谢意。限于编者的水平和经验，书中难免存在不足之处，恳请广大读者予以批评指正。

葛玉辉

2019 年 9 月

前言

随着我国综合国力的不断提升，国内各行业的基础管理水平得到了不断提升，尤其是人力资源管理者的知识结构和能力水平都得到了不同程度的提高。目前我国不缺乏先进的人力资源管理思想，但是，却十分缺乏适合我国国情特点的可操作的制度和流程。近年来，随着人力资源管理培训力度的不断加大，人力资源管理的重要性和常规理论已经深入人心，但工作人员参加完培训之后重新返回现实的管理生活中，才发现"书走书的路，人走人的路"，所学的知识难以运用到日常的管理活动中，尤其是工作分析与工作设计，是一项基础性、理论性的工作，很难操作，因此，目前迫切需要的是将科学理论变成实务操作的指导手册。为此，本书着重从实务操作的角度来介绍工作分析与工作设计，力求让读者边看书边提高，边看书边操作。

工作分析与工作设计最初源于科学管理思想，一直以来都是人力资源管理的最基础环节。但或许因为其基础性，很多管理者往往忽视了它的作用，而片面追求新鲜、先进。殊不知，管理的本质在于"让别人把事情做好"，失去工作分析与工作设计这些工具，单凭空洞的思想，如何能把管理做好？因此，把基础打牢才能构筑坚实的管理实践大厦。人力资源管理是一个系统工程，工作分析与工作设计是人力资源管理工作的第一步，是人力资源规划、人员选聘、绩效考核与管理、薪酬管理、员工培训、员工职业生涯管理等管理模块的基础。但目前企业界对待工作分析的普遍态度往往是"花瓶式管理"，即把工作分析当作摆设的"花瓶"，其基础性作用基本上没得到发挥，从而使得其他模块的运行遭遇很大的瓶颈。这种现象一方面与管理者对工作分析与工作设计不够重视有关，另一方面也由于没有良好的实战指导。

本书介绍了工作分析与工作设计的实务理论和实践，同时将大量案例穿插其中。首先，在介绍工作分析实务的基础上，对工作分析的操作实务进行了讲解，包括但不限于流程、方法、内容等。其次，强化了工作设计实务理论和实践介绍，增加了柔性工作设计、新组织工作设计和工作再设计等实操性较强的内容。本书以鲜明的表格和流程图为主，清晰地介绍了工作分析、工作设计的科学原理和操作指引。通过本书的学习，按照本书所介绍的步骤一步步去做，一个规范而实用的工作分析体系便能相对轻松地建立起来。

本书是编者在多年的管理咨询和培训的实战经验基础上编写而成的，同时也参考了工作分析与工作设计相关的图书，在此向各位作者和同人表示感谢。但由于编者水平有限，本书难免存在很多需要改进的地方，恳请广大读者批评指正。

编　者

2019 年 9 月

目 录

第一章　工作分析实务导论 ·· 1
　　第一节　工作分析概述 ·· 2
　　第二节　工作分析现状 ·· 7
　　第三节　工作分析的意义和影响 ·· 8

第二章　工作分析操作实务 ·· 13
　　第一节　工作分析方法 ·· 14
　　第二节　工作分析的流程 ··· 66
　　第三节　工作分析操作 ·· 69
　　第四节　工作说明书实务 ··· 76
　　第五节　工作评价实务 ·· 96
　　第六节　工作分析的应用 ··· 129

第三章　工作设计实务导论 ·· 145
　　第一节　工作设计概述 ·· 146
　　第二节　工作特征及工作特征模型 ······································ 148
　　第三节　工作设计中常见的六种错误 ··································· 153

第四章　工作设计操作实务 ·· 157
　　第一节　工作设计方法 ·· 158
　　第二节　工作设计流程 ·· 160
　　第三节　新组织工作设计 ··· 161
　　第四节　工作再设计 ··· 165
　　第五节　柔性工作设计 ·· 168
　　第六节　定岗定编定员实务 ·· 171

参考文献 ·· 179

第一章
工作分析实务导论

学习目标：
- ◆ 了解工作分析的概念和现状
- ◆ 熟悉工作分析的价值

人力资源管理的目的是使组织内部的人力资源的潜能得到最大化的开发和利用，而组织所有的活动都体现在每一个员工的工作中，因此人力资源的基础工作就是对组织内部的工作活动进行充分的分析和设计，使得人的工作达到最好的效果，这就是工作分析与工作设计要达成的目标。

第一节　工作分析概述

工作分析也叫职位分析或者岗位分析，是利用科学的技术和手段，直接收集、比较、分析、综合与工作相关的信息并以一种格式将之描述出来，为人力资源管理以及其他的管理行为提供基本依据的管理活动。

具体来说，工作分析就是为管理活动提供与职位相关的各种信息，这些信息可以用"6W1H"加以概括，即"Who"谁来完成工作；"What"工作的具体内容是什么；"When"工作的时间安排是什么；"Where"工作在哪里进行，或者工作的环境以及在组织中的位置是什么；"Why"工作的目的是什么；"For Whom"这些工作为谁服务；"How"如何进行这些工作。

同时，工作分析作为一种管理活动，具备所有活动所具备的基本要素。活动的主体是工作分析人员，客体是组织内部的各个职位，内容是与各个职位相关的信息，结果是工作说明书。通过工作分析我们主要回答或者解决以下两个问题：①某一工作是做什么的。实际上就是工作描述，这一问题与职位上的工作活动有关，包括工作名称、工作职责、工作要求、工作环境以及工作条件等一系列内容。②什么样的人最适合这个职位。这一问题与任职者的资格有关，包括对专业、年龄、必要的知识和能力、必需的证书、工作经历以及心理方面的要求。

同时，值得注意的是，工作分析依托于组织分析基础之上，组织分析是从组织整体出发确定组织对培训的需求所进行的分析。用于分析的主要因素有组织的长短期目标、组织战略、组织文化、组织氛围和组织结构等。用于分析的主要约束条件是组织的资源分配，如经理人员的态度、组织可负担的培训费用、培训人员的时间保证等。

一、工作分析和组织分析

（一）组织分析内容

组织分析是为落实组织战略目标而开展的基础性、前提性盘点和分析，它是工作分析的基础和前提，事关工作分析是否能满足组织战略实现的需求。

掌握了丰富、真实的资料和情况后，接下来应该进行组织分析，明确现行组织结构在设置和运行上的问题和缺点，为组织变革打下基础。组织分析的内容从总体上来说，可以归纳为以下 5 个方面。

1．职能分析

（1）思考企业需要增加哪些职能；企业需要减少哪些职能；企业需要合并哪些职能。

（2）确定企业的关键职能，即对企业实现战略目标发挥关键作用的职能。

（3）分析职能的性质和类别。这里所说的职能指的是产生成果的职能、支援职能和附属职能。

2．决策分析

（1）应该制定哪些决策。

（2）这些决策应该由哪些管理层制定。

（3）决策制定应该牵涉哪些业务。

（4）决策制定后应该通知哪些部门的负责人。

3．关系分析

（1）分析某部门应该包括哪些职能。

（2）有哪些部门之间的职能重复过多或连接不够。

（3）这些部门应当担负直接指挥还是参谋服务职能。

（4）这些部门的业务工作应当同哪些单位和哪些人员发生联系。

（5）要求哪些人为单位提供配合和服务。

（6）本部门又该为外单位提供哪些配合和服务。

（7）各部门之间的协调配合和综合工作组织得如何。

4．运行分析

（1）人员配备状况分析。

（2）管理人员的考核制度是否健全，是否得到执行。

（3）奖惩制度是否得到完善和落实。

5．组织分析步骤

组织分析工作开展的步骤，可归纳如下。

1）制订分析计划

（1）分析的目的与范围。

（2）所需收集的资料。

（3）与有关人员商讨的内容与方式。

(4）工作进度表。

(5）参加分析的人员。

2）收集资料

(1）机构的目标与经营计划。

(2）组织规程、办事细则、组织系统图及工作说明书等。

(3）权责划分及工作联系的方法。

(4）各项有关法令、规章制度及标准等。

(5）制定明细调查表并提请有关人员填写。

3）分析资料

(1）各项职能是否均为达到机构目标所必需的职能。

(2）各部门的权责制定是否明白，是否有重复的现象。

(3）权与责是否行之有效、适切配合。

(4）组织结构是否为该机构所需最简单的形态。

(5）组织结构是否均衡，是否有一人管辖太多单位的情况。

(6）职责与权限的分配是否适当，能否使各级主管所做的决定达到"适时、适地、适人"的需求。

(7）内部控制与联系制度是否完善。

4）建议解决方案

(1）叙述现有的事实。

(2）说明分析方法与所得结果。

(3）提出行动的方案。

(4）建议试行或正式实施的步骤与时间。

（二）工作分析内容

工作分析内容的确定是进行工作分析最重要和最基本的环节，也是工作分析人员进行工作分析的依据，只有明确了工作分析的内容后，工作分析人员才能有所侧重地收集相关的信息，并分析形成工作分析文件。

工作分析的内容主要包括两个方面：一方面是工作描述，包括工作标识、工作编号、工作概要、工作关系、工作职责、工作环境和工作条件等；另一方面是工作规范，也称任职资格，包括对工作经验、学历、能力、智力、体力等的要求。

1. 工作标识

工作标识又叫工作识别、工作认定，包括工作名称和工作身份。

(1）工作名称，是指一组在重要职责上相同的职位总称，如财务总监、人力资源经理等。

（2）工作身份，一般位于工作名称之后，包括所属部门、直接上级、工作等级、所辖人数、定员人数等。

2. 工作编号

一般按照岗位评估与分析的结果对岗位进行编号，目的在于方便人力资源的管理工作。

3. 工作概要

工作概要，是指用简练的语言阐述工作的总体性质、中心任务和要达到的目标。

4. 工作关系

工作关系是指在工作中，上下级以及同级别工作者之间的关系，包括监督关系、汇报关系以及同事关系。

5. 工作职责

工作职责是对不同任务的最简洁、明了和直观的描述，是工作分析的主要部分。工作职责大体分为两类：管理职责和非管理职责。管理职责可以影响他人的工作方式，也可对他人的工作进行帮助和指导。非管理职责包括制作产品的责任，保护某些特定材料使其不受损害的责任，保护机器和设备的责任，与其他人员合作的责任，保护他人安全的责任。

6. 工作环境和工作条件

工作环境是指工作所处的自然环境，包括工作场所、工作环境的危险性、职业病、工作时间、工作均衡性、工作环境的舒适度等。工作条件包括两项：一是任职者应用的设备名称；二是任职者运用信息资料的形式。

7. 任职资格

任职资格主要包括以下内容。

（1）工作经验，是指完成工作、解决相关问题的实践经验，是圆满完成任务所必需的内容。

（2）学历要求。

（3）能力和智力要求。智力涉及头脑反应、注意力集中程度等方面的要求。能力是指直接影响活动顺利完成的个性心理特征。

（4）体力要求，是指工作本身对任职者体力方面的要求，是与工作本身相联系的，不包括个人出于自愿或偶然指派的情况。

8. 其他相关信息

（1）培训，涉及培训的种类和数量，对提高员工能力、圆满完成工作来说很重要。

（2）非工作行为条件：这部分内容不涉及工作的责任和质量，对招聘有很大帮助。

一般包括相关证书、年龄限制、婚姻、国籍、政治面貌等内容。

二、常用术语

由于工作分析与职位对应的工作活动是紧密联系在一起的，因此有必要澄清一些与之相关的基本概念。

1. 行动

行动（Action）也称工作要素，是指工作活动中不便再继续分解的最小单位。例如，秘书接听电话前拿起电话是个行动。

2. 任务

任务（Task）是指工作活动中为达到某一目的而由相关行动直接组成的集合，是对一个人从事的事情所做的具体描述，它可以由一个或多个行动组成。如打印一封英文信，打字员必须能够系统地做到：①熟悉每个英文单词；②在计算机上拼出相应的单词；③辨认与纠正语法错误；④把已输入计算机的英文信打印成纸稿。也就是说，打印英文信是上述4个工作要素的集合。

3. 职责

职责（Responsibility）也称工作职责或者工作责任，是指由任职者在某一方面承担的一项或者多项任务组成的相关任务集合，是任职者在岗位上需要完成的主要任务或者大部分任务。例如，监控员工的满意度是人力资源经理的一项职责，这一职责由下列5项任务组成：①设计满意度调查问卷；②进行问卷调查；③统计分析问卷调查的结果；④向企业高层反馈调查结果；⑤根据调查的结果采取相应的措施。

4. 职位

职位（Position）也称岗位，是指由一个人完成的一项或者多项相关职责组成的集合。例如，人力资源部经理这一职位，它所承担的职责有以下内容：员工的招聘录用、员工的培训开发、企业的薪酬管理、企业的绩效管理、员工关系的管理等。

5. 职务

职务（Post）是指主要职责在重要性和数量上相当的一组职位的统称。例如，人力资源部设有两个副经理的职位，一个主要分管招聘录用和培训开发；另一个主要分管薪酬管理和绩效管理。虽然这两个职位的工作职责并不完全相同，但是对整个人力资源部来说，这两个职位的职责重要性一致，因此这两个职位可以统称为副经理职务。

6. 工作

工作（Job）是指一个或一组职责类似的职位所形成的组合。一项工作可能只涉及一个职位,也可能涉及多个职位。

7. 工作族

工作族(Job Family)是指企业内部具有非常广泛的相似内容的相关工作群,又被称为职位族、工作群。例如,企业内所有从事技术的职位组成技术类工作族,所有从事销售工作的职位组成销售类工作族。常用术语之间的关系如图1-1所示。

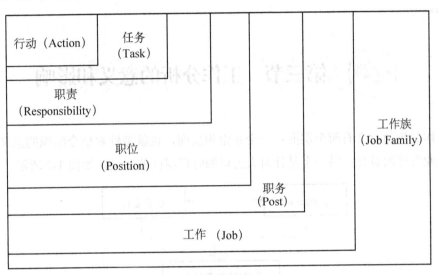

图1-1 常用术语关系图

第二节 工作分析现状

工作分析应当体现组织未来发展趋势和战略需求,随着大量高新技术组织涌现,组织结构、员工结构和工作特征都发生了很大变化,目前工作分析主要存在以下问题。

1. 缺乏战略导向

组织普遍重视人力资源管理其他模块的功能胜于工作分析,对工作分析的战略重要性没有准确的定位。随着组织发展到不同阶段,人力资源管理中的工作分析也要随之变化,组织的未来导向和战略性导向将是工作分析的发展方向。

2. 片面静态化

工作分析被片面地理解为编制工作说明书,组织结构发生变化,战略调整后未及时开展工作分析,缺乏动态管理。

3. 缺乏工具创新

分析工具强调人与组织的协调、适用，工作分析需要结合组织管理模式，找出适合的分析工具，科学、创新地开展工作分析。例如，O*NET（Occupational Information Network）工作分析系统，它是一项由美国劳工部组织发起并开发的工作分析系统，吸收了多种工作分析问卷（如 PAQ、CMQ 等）的优点，现已成为美国广泛应用的工作分析工具。

第三节 工作分析的意义和影响

工作分析的意义有两个层面：一个是组织层面，也就是针对整个组织的意义或者说针对企业管理的意义；另一个是针对人力资源管理层面的意义，如图 1-2 所示。

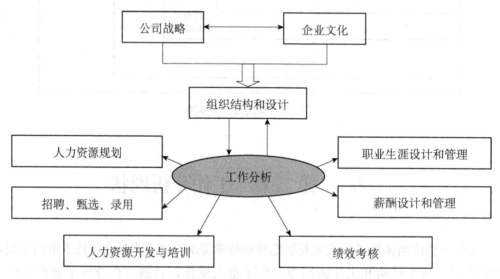

图 1-2　工作分析在组织和人力资源管理中的意义

一、工作分析的意义

现代企业人力资源管理的发展，从整体来看表现出两个方面的趋势：一方面强调人力资源管理的战略导向；另一方面强调人力资源管理各功能模块的系统整合。如图 1-3 所示，工作分析在这两个方面中都扮演着关键性的角色。对于前者，工作分析是从战略、组织、流程向人力资源管理职能过渡的桥梁；对于后者，工作分析是对人力资源管理系统内在功能模块进行整合的基础和前提，对于我国企业而言，工作分析是探索现代化管理之路的重要环节。

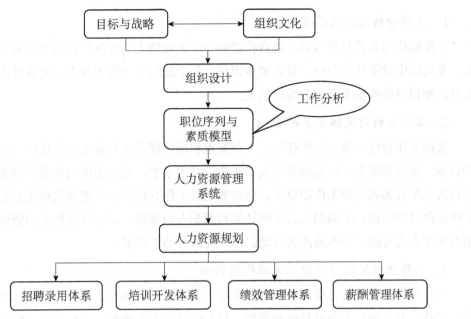

图 1-3　工作分析与人力资源管理系统的关系

在人力资源管理中，很多方面都涉及工作分析所取得的成果，表 1-1 列出了工作分析的结果在各方面的应用情况。总的来说，可以分为以下 4 类。

表 1-1　工作分析结果的应用

组 织 决 策	人力资源管理	工作和设备设计	其 他 用 途
组织结构设计	人员的聘用、选拔和安置	工作设计	制订教育课程计划
组织计划设计	培训和人员开发	方法设计	职业咨询
组织政策制定	绩效测量和评定	职务设计	
	职务系统分类	安全设计	
	工资管理		
	劳动关系管理		

（1）组织决策（如组织结构开发）。

（2）人力资源管理。

（3）工作和设备设计。

（4）其他用途。

二、工作分析的影响

工作分析是人力资源管理的一项基础性的工作，在整个人力资源系统中占有非常重要的地位，发挥着非常重要的作用，为人力资源管理提供了一个平台，人力资源管理的其他职能活动都是在此基础上进行的。

1. 工作分析对职位设置的影响

工作职位的设置科学与否，将直接影响一个企业的人力资源管理的效率和科学性。在一个组织中设置什么职位、设置多少职位，每个职位上安排多少人、安排什么素质的人员，都将直接依赖于岗位分析的结果。

2. 工作分析对定编定员的影响

根据工作分析，确定工作任务、人员要求和职位规范等只是工作分析第一层次的行动目标。在此基础上，如何再根据人员素质、技术水平、劳动力市场状况等因素，有效地将人员配置到相关的工作职位上，则需要通过工作分析进行合理地定编定员并为以下工作提供科学依据：①编制人力资源计划和调配人力资源；②充分挖掘人力资源潜力，节约使用人力资源；③不断改善劳动组织，提高劳动生产率。

3. 工作分析对人力资源相关职能的影响

工作分析是现代人力资源管理所有职能（人力资源的获取、整合、保持与激励、控制与调整、开发等）工作的基础和前提，只有做好了工作分析，其他职能工作才能得以有效完成。

其他职能工作包括但不限于以下几项。

（1）人力资源规划。人力资源规划的一个核心环节就是对现有职位的审核。这是一个内部评价的过程，需要参考工作描述和职位规范所提供的工作基本信息，包括组织有哪些工作任务，多少职位，这些职位的权力传递链条及汇报关系如何，每一职位目前是否产生了理想的结果，如果没有，是职位本身设置的原因还是任职者的原因，如何改进。

（2）人员选聘与录用。由于工作分析所形成的人力资源文件（如工作说明书）对某类工作的性质、特征以及担任此类工作应具备的资格、条件等，都做了详尽的说明和规定，这就使人力资源管理人员明确了选聘的对象和标准。在组织人员考评时，人力资源管理人员就能正确地选择考试科目和考核内容，避免盲目操作，保证"为事择人、任人唯贤、专业对口、事择其人"。

（3）绩效评估。工作分析是以职位为中心，分析和评定各个职位的功能和要求，明确每个职位的职责、权限以及担任该职位的人员所必须具备的资格和条件。而人力资源考核是以人员为对象，通过绩效考核来判断他们是否称职，并以此作为任免、奖惩、定酬和培训的依据，促使各个职位的人员能够做到"人适其位"。虽然工作分析与人力资源考核有许多的不同点，但就其本质来说，这两项活动都体现了人力资源管理"因事择人，适才适所"的要求。从人力资源的工作程序上看，工作分析是人力资源考核的前提，工作分析要为人力资源考核的内容、项目和指标体系的确定提供客观的依据。

（4）薪酬设计与管理。工作分析是进行工作评价的前提，有效的工作评价又是建立在以职位为基础的薪酬体系之上的。因此,通过工作分析和工作评价,可以优化企业内部的工资结构,提高报酬的内部公平性。报酬通常都是同工作的复杂性、职责的大小、工作本身的难度以及工作要求的任职资格等联系在一起的,而所有这些因素都必须通过工作分析才能得到确定。

(5) 培训与开发。工作分析可以反映出做好某项工作所需的知识和技能等信息,从而为分析任职者的培训需求提供了依据,有利于提高整个培训活动的效率。职务培训是企业人员培训的重要组成部分,其根本目的是帮助员工获得任职必备的专业知识和技能,具备任职资格,提高工作能力。职务培训的前提是职务规范化。职务规范包括职位标准和职位培训规范。因此,工作分析结果是职务培训必不可少的客观依据。

(6) 职业生涯设计与管理。工作分析可以理清职位之间在工作内容以及任职资格上的逻辑关系与内在差异,形成以职位为基础的职位生涯通道以及职业生涯发展的路径、规范与标准,提高员工升迁调动的合理性。

案 例 分 析

"小王,我真不知道你到底需要什么样的机械操作工!"高尔夫机械制造有限公司人力资源部经理老陈说到,"我已经送去了4个人给你面试,这4个人基本上都符合工作说明书的要求,可是你却将他们全部拒之门外。"

"符合工作说明书的要求?"小王颇为惊讶地回答到,"我要找的是那种一录用就能够直接上手做事的人,而你找的人都不能够胜任实际操作工作,并不是我所要找的人。再说,我根本就没看见你所说的工作说明书。"

闻听此言,老陈二话没说,给小王拿来了工作说明书。当他们将工作说明书与现实岗位所需要求逐条加以对照时才发现问题所在:原来这些工作说明书已经严重地脱离实际,也就是说,工作说明书没有将实际工作中产生的变动写进去。例如,工作说明书要求从业人员具备操作旧式钻探机的工作经验,而实际工作中却已经采用了应用最新技术的数控机床。因此,为了更有效地使用新机器,工人们必须具备更多的数学和计算机知识。

在听小王描述完机械操作工作所需的技能以及从业人员需要履行的职责后,老陈喜形于色地说到:"我想我们现在应该写一份准确描述该项工作的工作说明书,并且用这份工作说明书作为指导,那样一定能够找到你所需要的人。我坚信,只要我们的工作配合得更加紧密,类似这种不愉快的事情绝不会再发生了。"

问题:
1. 工作分析和人力资源招聘的关系是什么?
2. 工作分析对人力资源管理的影响是什么?

第二章
工作分析操作实务

学习目标：
- ◆ 掌握工作分析的方法和流程
- ◆ 熟悉工作分析操作
- ◆ 掌握工作说明书
- ◆ 掌握工作评价

第一节 工作分析方法

由于工作分析过程中的导向和要素的差异使得工作分析的方法有很多,根据功用可以将工作分析的方法分为基础性方法和系统性方法。基础性方法主要是用于收集工作信息,主要包括访谈法、问卷调查法、资料分析法、观察法、工作日志法和主题专家会议法等;而系统性方法是指工作分析从实施、问卷量表使用、结果表达运用等方面都体现出高度的结构化特征,是一种通过量化的方式刻画工作性质、工作特征的工作分析方法。

一、访谈法

访谈法是最常用的工作分析方法之一,即由分析人员分别访问任职人员本人及其主管人员,以了解工作说明中填写的各项目的信息正确性,或以面谈方式对原填写事项中的疑问加以澄清。此方法既可获得观察法所不能获得的资料,也可对已获得的资料加以证实。

(一)访谈法的分类

1. 根据访谈针对的对象划分

(1)个人访谈法。主要针对员工之间的工作差异比较大、工作分析时间相对充裕的情况。

(2)集体访谈法。适用于多个不同员工从事的工作相同或者相近的情况。

(3)管理人员访谈法。通过与某一职位任职者的一个或多个主管面谈来获取职位信息。

2. 根据内容的结构化程度划分

(1)结构化访谈。这种访谈都会按照事先准备好的访谈的内容、形式进行。收集信息全面,有利于对不同工作者的相同访谈进行分析、比较,但不利于任职者拓展发散思维。

(2)非结构化访谈。这种访谈,无须过多准备,没有固定的形式和统一的评判标准,所谈内容因人而异,而且可以对一些问题进行深入讨论。这种访谈灵活性强,但是收集到的信息的完备性差。

(二)访谈法的流程

为了最大限度地控制访谈结果误差,在访谈的过程中应该遵循一定的流程。一般的工作分析访谈过程总体上包括3个阶段，即准备阶段、实施阶段和整理阶段。

1. 准备阶段

为了保证访谈的成功，需要做好以下几项准备工作。

（1）制订访谈计划。主要是为了明确访谈目标，确定访谈对象（任职者直接上级或是从事本职位6个月以上的任职者），选定合适的职位分析访谈方法（例如，访谈的结构化程度以及访谈的形式），确定访谈的时间、地点（访谈的时间安排以不打搅正常的工作为宜，访谈的场所应该保持安静、整洁、方便），准备访谈所需的材料和设备等。

（2）培训访谈人员。培训主要包括三方面的内容：一是基本访谈原则、知识、技巧的培训与交流；二是针对当前访谈展开的专项培训，主要是传达访谈计划，明确访谈目的和意义；三是按照访谈分工，各访谈人员收集并分析现有的目标职位相关信息。在实践中，这一环节操作质量的好坏对访谈的效果将会产生极大的影响，我们可以根据实际需要采取个体分散学习和集中分析总结等方式，力求使访谈人员在访谈前对工作有大致的了解与认识。

（3）编制访谈提纲。访谈者根据现有资料及信息，编制访谈提纲，访谈提纲的主要作用是为访谈者提供信息补充功能，防止在访谈过程中出现严重的信息缺失问题，确保访谈过程的连贯性。访谈提纲如表2-1所示，内容大致分为通用性问题（开放式）和个性化问题（封闭式）。通用性问题主要列举需要收集的各方面信息，个性化问题主要列举与职位相关的各项职责和任务，以此作为启发被访谈者思路的依据。

表2-1 工作分析访谈提纲

职位名称：		主管部门：	
所属部门：		工作地点：	
间接主管：		直接主管：	
访谈人：		日期：	
一、职位设置的目的 此岗位的工作目标是什么？从公司角度看，这个岗位具有什么意义和作用？			
二、机构设置 1. 此岗位直接为哪个部门或个人效力？（行为或决策受哪个部门或岗位的控制？） 2. 哪些岗位与此岗位同属一个部门？ 3. 是否有直接的下属部门？有几个？它们分别是哪几个部门？			
三、工作职责及任务 请你详细地描述一下你工作岗位的各项职责和为完成职责所进行的各项工作活动，包括你所采取的方法，使用的辅助工具或设备等，以及你认为的工作标准。			
主要工作职责	为完成职责所进行的工作活动或任务以及时间比例	工作设备辅助工具	工作标准

续表

四、内外关系
1. 在公司内，此岗位与哪些岗位的工作联系最频繁？有哪些联系？
2. 在公司外，此岗位与哪些部门或个人工作联系最频繁？有哪些联系？
3. 你是否经常会见上司商讨或者汇报工作？
4. 上司对工作任务的完成情况是否起决定性作用？

五、工作中的问题（选问）
1. 你认为此工作对你最大的挑战是什么？
2. 你对此工作最满意和最不满意的地方分别是什么？
3. 此工作需要解决的关键问题是什么？
4. 处理问题时有无指导或先例可参照？有哪些处理依据？
5. 你对哪些问题有自主权？哪些问题你需要提交上级处理？（完成岗位工作有哪些权限？如招聘专员面试工作中拥有组织权，在建立公司招聘制度活动中拥有制定权等）
6. 你是否经常请求上司的帮助，或者上司是否经常检查或指导你的工作？
7. 你的上司如何知道你的工作？
8. 你是否有机会采取新方法解决问题？
9. 与其他部门协调配合方面存在哪些问题？
10. 你对集团公司如何留住人才有什么好的建议和对策？你个人如何看待呢？（人员流失方面）

六、经验要求
本职位要求任职者具备哪些经验？是否需要参加培训？培训多久？（如大专毕业几年、大企业相关工作经验）

七、能力与技能
1. 心智要求（智商）。
2. 特殊能力（在哪些领域表现）（如领导能力、激励能力、计划能力、人际关系能力、协调能力、公共关系能力、分析能力、决策能力、书面表达能力、口头表达能力、谈判能力、演讲能力、与人沟通与交往能力、判断能力、接受指令能力等）。
3. 个人素质（非智力因素）（如细心、耐心、有责任感、忠诚等）。

八、教育和知识要求
请确定下列教育和知识要求中哪些是必要的，或指出胜任该工作所需要的教育要求是什么。

教育和知识要求	若是必需，标示"√"
任职者能够读写并理解基本的口头或书面的指令	
任职者能够理解并执行工作程序以及理解上下级的隶属关系，并能够进行简单的数学运算和办公室设备的操作	
任职者能够理解并完成交给的任务，具备每分钟至少输入50个字的能力	
具备相近专业领域的一般知识	
具备商业管理与财政等方面的基础知识与技能	
具备商业管理与财政等方面的高级知识与技能	
其他方面的具体要求（如外语、学历、相关证书）	

九、岗位对承担者身体素质和生理方面的要求
如无色盲和听力障碍、手指灵敏性、身体协调性强，反应速度快。有无特殊性别要求，有无特殊年龄要求等。

十、附加说明
对本职位还有哪些需要补充说明？（如晋升与职务轮换的可能性）

2. 实施阶段

在准备阶段结束后，经过培训的工作分析人员就要根据访谈计划，利用编制好的访谈提纲进入访谈的实施阶段。实施阶段是工作分析人员和访谈对象之间面对面交流获取信息的整个过程。在实施的过程中，记录应采用标准形式的访谈表（见表2-2），实施阶段大体上也分为开始阶段、主体阶段和结束阶段。

表 2-2　工作分析访谈表

工作分析访谈表——较高结构化和标准化	
职位名称： 主管部门： 所属部门： 工作地点： 直接主管：	
间接主管： 访谈人： 日期：	
1. 职位设置的目的和对该职位功能的简要描述	
2. 工作职责 　按顺序举例说明本职位的工作责任及其重要性，或按工作发生的频率高低来列出该职位所承担的工作任务。	
例常性的工作	时间消耗与任务的相对重要程度 1、2、3、4、5 （1为最少/最不重要，5为最多/最重要）
偶然性的工作	时间消耗与任务的相对重要程度 1、2、3、4、5 （1为最少/最不重要，5为最多/最重要）

续表

3. 权限与相互关系

   权限：在本职工作中的关键工作上，工作者的权限是什么？

关 键 工 作	权限（承办、审核、核准、复核、审批等）

   相互关系：本职位有哪些内部、外部关系？

关 键 工 作	相互关系（协作、通知、上报等）

4. 错误分析

（1）最容易犯的错误有哪些？举例说明，并指出是操作上的，还是观念上的，或者两者皆有。

（2）这些错误多长时间才能被发现？谁能发现？常在哪些工作环节上被发现？

（3）纠正这些错误存在哪些障碍？在纠正错误过程中可能出现什么枝节问题？

5. 教育和知识要求

   对于本职位的具体工作而言，所需要的一些教育与知识可以从学校获得，也可以通过自学、在职培训或从以往的工作经验中获得。请确定下列教育或知识要求中哪些是必要的，或指出胜任该工作所需要的教育要求是什么。

续表

教育和知识要求	若是必需项目，请标示"√"
任职者能够读写并理解基本的口头或书面指令	
任职者能够理解并执行工作程序以及理解上下级的隶属关系，并能够进行简单的数学运算和办公室设备的操作	
任职者能够理解并完成交给的任务，具备每分钟至少输入50个汉字的能力	
具备相近专业领域的一般知识	
具备商业管理与财政等方面的基础知识与技能	
具备商业管理与财政等方面的高级知识与技能	
其他方面的具体要求：	

6. 经验要求

等　级	水　　平
1	只需要短期的简单培训或实习即可
2	只需要1个月的工作实习或在职培训即可
3	只需要1～3个月的工作实习或在职培训即可
4	只需要4～6个月的工作实习或在职培训即可
5	只需要7～12个月的工作实习或在职培训即可
6	只需要1～3年的工作实习或在职培训即可
7	只需要3～5年的工作实习或在职培训即可
8	只需要5～8年的工作实习或在职培训即可
9	只需要8年以上的工作实习或在职培训才可以胜任工作

7. 能力与技能要求

请大致叙述顺利完成该职位工作所需要的关键能力或技能是什么。

能力或技能	掌　握　程　度

续表

8. 体力活动
请简单叙述该职位对从业人员体力上的主要要求。

9. 环境条件
请简单叙述从业人员主要的客观环境条件。

10. 工具与设备

工具设备名称	使用程度		
	一直使用	经常使用	偶尔使用

11. 附加说明
对本职位还有哪些需要补充说明的？请列出。

1）开始阶段

访谈的过程是工作分析人员和访谈对象之间面对面交流的过程，这个过程中访谈对象配合与否决定了能否获得与工作相关的准确信息。因此，保证和受访者之间建立友好互信的关系，保证受访者平和良好的心态就显得相当关键。首先要营造轻松舒适的访谈气氛。例如，让被访谈者采取简单随意的方式进行自我介绍；尝试发现被访谈者爱好的话题；在话题开始时，采取鼓掌、适度赞扬等方式表达对被访谈者的欢迎，以缓和紧张气氛。向被访谈者介绍本次访谈的流程以及对被访谈者的要求。在访谈过程中，需要使用笔录、录音等辅助记录手段的，应向被访谈者事先说明。应重点强调本次工作分析的目的及预期目标、所收集的信息的用途，以及本次职位分析相关技术性问题的处理方法（尤其是标杆职位的抽取、被访谈者的抽取方式）。有必要向被访谈者说明的是，本次访谈已经征得其上司的同意，但是参与访谈的全部人员将保证访谈的内容除了作为分析外，将对其上级和组织中的任何人完全保密。

2）主体阶段

这个阶段工作分析的所有工作将围绕如何得到完整全面的信息而展开。这个阶段的任务有：寻找访谈的切入点、询问工作任务和询问工作任务的细节。

（1）寻找访谈的切入点。访谈的过程是不断地由浅入深的过程，需要在开始时选择一些切入点。一般的切入点通常是询问工作环境、被访者的所在部门与其他部门的关系等。

（2）询问工作任务。询问工作任务时，一般有两种方式：一种是给被访谈者提供事先准备好的任务清单，与被访谈者就任务清单进行讨论核实；另一种就是没有预先准备任务清单，这种情况下主要通过不断地、有条理地询问来获得职位要完成的任务。

（3）询问工作任务的细节。询问细节的角度有很多，如可以从流程分析思想的角度，分别从投入、行动和产出方面询问工作任务的细节。

3）结束阶段

这个阶段中，工作分析人员可以和被访谈者进行再次沟通，主要包括如下几方面内容。

（1）允许被访谈者提问。

（2）就细节问题进一步追问并与被访谈者最后确认所有信息的真实性与完整性。

（3）重申职位分析的目的与访谈收集信息的用途。

（4）提前告知下次访谈的内容（最终确认成果）。

（5）邀请被访谈者在需要时，与职位分析小组联系。

（6）感谢被访谈者的帮助与合作。

3. 整理阶段

这是整个访谈过程的最后一个环节，由职位分析师在速记员的协助下，整理访谈记录，为下一步信息分析提供清晰、有条理的信息记录。

（三）访谈中应该注意的问题

访谈法收集资料的工作是通过工作分析人员的提问和被访谈者的回答来完成的，所以整个访谈法的应用过程要注意问题的设计和访谈方面的技巧。

1. 问题的设计

（1）首先要尽可能详尽地罗列问题。不妨多问自己几个问题：我想知道的是什么？根据是什么？哪些是我想通过访谈或者是适合通过访谈得到解答的问题？

（2）检测所设计的问题。检测问题主要依据有关的资料和先前的经验，资料主要包括现有的问卷和调查表、先前的工作分析计划以及发表的统计资料等。

（3）选择问题。主要是选择和所要调查的资料直接相关的问题。

（4）排列问题。根据一定的逻辑顺序，把那些容易的、没有挑战性但又必要的问题摆在最前面进行提问。

（5）试验访谈。对少量的被访谈者进行先导性的访谈。

（6）检查结果。根据试验访谈的结果对问题进行修改，包括删除重复的问题；删除那些超出被访谈者能力的问题；将双重含义的问题分解，如果无法分解就删除；同时将那些使被访谈者有所偏向的题目分开。

（7）整理问题清单。

（8）尽量使问题的回答限定于"是"或"否"两种形式就可以了。对那些有顺序或者高水平的内容，可以考虑选择性回答。

（9）再次试验访谈。主要检验问题和回答项是否足够。

（10）根据这些问题确定访谈提纲。

2. 访谈技巧

（1）事先清晰地说明访谈的目标和方法，即在访谈前，分析者应该对访谈什么、为什么要访谈和怎样访谈有一个很明晰的计划。

（2）在访谈前，确认访谈的问题是否会让回答者感到难堪、威胁或不舒服。

（3）控制访谈，使访谈指向一定的目标。下面是一些使访谈定向的规则。

① 给回答者足够的时间回答问题。

② 帮助回答者根据问题的逻辑顺序去思考和交谈。

③ 当被访谈者提供的信息太过抽象、模糊，或者分析者对某个问题存在疑问时，有必要就此问题问清楚。

④ 提供阶段性总结，这样有利于保持谈话切合主题。

（4）控制个人举止、行为等其他会影响结果的因素。以下是有关准则。

① 用清楚易懂的语言进行访谈。

② 不要与回答者争辩。

③ 要保持客观，不要让自己受到个人偏好和观点的影响。

④ 访谈过程中要注意个人的态度，要谦恭有礼。

⑤ 记下重要信息，尤其是正式访谈计划中没有想到的或新的信息。

二、问卷调查法

问卷调查法是工作分析中被广泛运用的方法之一，它是以书面的形式、通过任职者或其他相关人员单方面信息传递来实现的工作信息收集方式，即根据工作分析的目的，结合公司岗位实际需要，由相关人员事先设计出一套工作分析的问卷，然后由承担工作的员工填写问卷，最后再将问卷加以归纳分析，并做好详细记录，且据此写出工作职务描述，然后再一次征求各岗位人员意见，最终，根据规范编写一套工作说明书和工作规范标准。

（一）问卷调查表的分类

根据调查问卷的结构化程度，可以分为结构化问卷和非结构化问卷。结构化问卷是在一定的假设前提下，多采用封闭式调查表收集信息。结构化的问卷具有较高的信度和效度，便于职位之间相互比较。非结构化问卷中的问题多是开放式的，可以全面地、完整地收集信息，能够对不同的组织进行个性化设计，因此具有适应性强和灵活高效的优势。在封闭式调查表中（见表 2-3），任职者要从所列答案中选择最合适的答案。而在开放式调查表中（见表 2-4），任职者可自由地回答所提的问题。

表 2-3 封闭式调查表

姓名		职称		现任职务（工作）		工 龄	
性别		部门		直接上级		进入公司时间	
年龄		学历		月平均收入		从事本工作时间	

工作时间要求	1. 正常的工作时间每日由_____时开始至_____时结束。 2. 每日午休时间为_____小时，_____%的时间可以保证。 3. 每周平均加班时间为_____小时。 4. 实际上下班时间是否随业务情况经常变化（总是，有时是，偶尔是，否）。 5. 所从事的工作是否忙闲不均（是，否）。 6. 若工作忙闲不均，最忙时常发生在哪段时间_____。 7. 每周外出时间占正常工作时间的_____%。 8. 本地出差情况每月平均_____次，每次平均需要_____天。 9. 本地外出情况平均每周_____次，每次平均需要_____天。 10. 外地出差时所使用的交通工具按使用频率排序：_____。 11. 本地外出时所使用的交通工具按使用频率排序：_____。 12. 其他需要补充的问题。			
工作目标	主要目标		其他目标	
	1.		1.	
	2.		2.	
	3.		3.	
	4.		4.	
	5.		5.	
工作概要	用简练的语言描述一下你所从事的工作			
工作活动程序	活动名称	作业程序	依 据	管理基准

续表

	名称	结果或形成的文档	占全部工作时间的百分比（%）	权限		
				承办	需报审	全权负责
工作活动内容	1.					
	2.					
	3.					
	4.					
	5.					
	6.					
	7.					
	8.					
	9.					
	10.					
	11.					
	12.					
	13.					
失误的影响	经济损失	1.	说明			
		2.		1　2　3　4　5		
		3.		轻　较轻　一般　较重　重		
	公司形象受损	1.	其他情况：			
		2.				
		3.				
	经济管理损害	1.				
		2.				
		3.				
	其他损害（请注明）	1.				
		2.				
		3.				
	若你的工作出现失误，会发生下列哪种情况： 1. 不影响其他人工作的正常进行。 2. 只影响本部门内少数人。 3. 影响整个部门。 4. 影响其他几个部门。 5. 影响整个公司。			说明： 如果出现多种情况，请按影响程度由高到低依次把编号填写在下面括号中。 （　　　　　）		

续表

内部接触	1. 在工作中不与其他人接触。 2. 只与本部门内几个同事接触。 3. 需要与其他部门的人员接触。 4. 需要与其他部门的主管接触。 5. 需要同所有部门的主管接触。	( ) ( ) ( ) ( ) ( )	将频繁程度等级填入左边的括号中 偶尔　经常　非常频繁 　1　　　2　　　3
外部接触	1. 不与本公司以外的人员接触。 2. 与其他公司的人员接触。 3. 与其他公司的人员和政府机构接触。 4. 与其他公司、政府机构、外商接触。	( ) ( ) ( ) ( )	将频繁程度等级填入左边的括号中 偶尔　经常　非常频繁 　1　　　2　　　3
监督	1. 直接和间接监督的人员数量。（　　） 2. 被监督的管理人员数量。（　　） 3. 直接监督人员的层次：一般职工、基层管理人员、中层管理人员、高层管理人员。（　　）		
	1. 只对自己负责。 2. 对职员有监督指导的责任。 3. 对职工有分配工作、监督指导的责任。 4. 对职工有分配工作、监督指导和考核的责任。		
工作基本特征	1. 无须对自己的工作结果负责。 2. 仅对自己的工作结果负责。 3. 对整个部门负责。 4. 对自己的部门和相关部门负责。 5. 对整个公司负责。		
	1. 在工作中时常做些小的决定，一般不影响其他人。 2. 在工作中时常做一些决定，对有关人员有些影响。 3. 在工作中时常做一些决定，对整个部门有影响，但一般不影响其他部门。 4. 在工作中时常做一些大的决定，对自己部门和相关部门有影响。 5. 在工作中要做重大决定，对整个部门有重大影响。		
	1. 有关工作的程序和方法均由上级详细规定，遇到问题时可随时请示解决，工作结果须报上级审核。 2. 分配工作时上级仅指示要点，工作中上级并不时常指导，但遇到困难时仍可直接或间接请示上级，工作结果仅由上级大概审核。 3. 分配任务时上级只说明要达成的任务或目标，工作的方法和程序均由自己决定，工作结果仅受上级审核。		
	1. 完成本职工作的方法和步骤完全相同。 2. 完成本职工作的方法和步骤大部分相同。 3. 完成本职工作的方法和步骤有一半相同。 4. 完成本职工作的方法和步骤大部分不同。 5. 完成本职工作的方法和步骤完全不同。		
	在工作中你所接触到的信息经常是： 1. 原始的、未经加工处理的信息。 2. 经过初步加工的信息。 3. 经过高度综合的信息。		说明： 如出现多种情况，请按"经常"的程度由高到低依次填写在下面括号中。 （　　　　　　　　）

续表

工作基本特征	在你做决定时一般依据以下哪种资料： 1. 事实资料。 2. 事实资料和背景资料。 3. 事实资料、背景资料和模糊的相关资料。 4. 事实资料、背景资料、模糊的相关资料和难以确定是否相关的资料。	说明： 如出现多种情况，请按"依据"的程度由高到低依次填写在下面括号中。 （　　　　　　　　　　）
	在工作中，你需要做计划的程度： 1. 在工作中无须做计划。 2. 在工作中需要做一些小的计划。 3. 在工作中需要做部门计划。 4. 在工作中需要做公司整体计划。	说明： 如出现多种情况，请按"做计划"的程度由高到低依次填写在下面括号中。 （　　　　　　　　　　）
	在你的工作中接触资料的公开性程度： 1. 在工作中所接触到的资料均属公开性资料。 2. 在工作中所接触到的资料属于不可向外公开的资料。 3. 在工作中所接触到的资料属于机密资料，仅对中层以上领导公开。 4. 在工作中所接触的资料属于公司高度机密，仅对少数高层领导公开。	说明： 如出现多种情况，请按"公开性"的程度由高到低依次填写在下面括号中。 （　　　　　　　　　　）
	你在工作中所使用的资料属于哪几种，使用的比例约为多少？ 1. 语言的＿＿＿＿＿＿（　%） 2. 符号的＿＿＿＿＿＿（　%） 3. 文字的＿＿＿＿＿＿（　%） 4. 形象的＿＿＿＿＿＿（　%） 5. 行为的＿＿＿＿＿＿（　%）	
工作压力	1. 在每天工作中是否经常要迅速做出决定 □ 没有　□ 很少　□ 偶尔　□ 许多　□ 非常频繁	
	2. 你手头的工作是否经常被打断 □ 没有　□ 很少　□ 偶尔　□ 许多　□ 非常频繁	
	3. 你的工作是否经常需要注意细节 □ 没有　□ 很少　□ 偶尔　□ 许多　□ 非常频繁	
	4. 你所处理的各项任务彼此是否相关 □ 完全不相关　□ 大部分不相关　□ 一半相关　□ 大部分相关　□ 完全相关	
	5. 你在工作中是否要求高度的精神集中，如果是，占用工作时间的比重大约是多少 □ 20%　□ 40%　□ 60%　□ 80%　□ 100%	
	6. 在你的工作中是否需要运用不同方面的专业知识和技能 □ 否　□ 很少　□ 有一些　□ 较多　□ 非常多	
	7. 在你的工作中是否存在一些令人不愉快、不舒服的感觉（非人为的） □ 没有　□ 有一点　□ 能明显感觉到　□ 较多　□ 非常多	
	8. 在工作中是否需要灵活地处理问题 □ 不需要　□ 很少　□ 有时　□ 较需要　□ 很需要	
	9. 你的工作是否需要创造性 □ 不需要　□ 很少　□ 有时　□ 较需要　□ 很需要	
	10. 你在履行工作职责时是否有与员工发生冲突的可能 □ 否　□ 很可能	

续表

任职资格要求	1. 你常起草或撰写的文件资料有哪些	等　级	频　率
	(1) 通知、便条、备忘录 (2) 简报 (3) 信函 (4) 汇报文件或报告 (5) 总结 (6) 公司文件 (7) 研究报告 (8) 合同或法律文件 (9) 其他	(　) (　) (　) (　) (　) (　) (　) (　) (　)	说明： 1　　2　　3　　4　　5 极小　偶尔　不太经常　经常　非常经常
	2. 你常用的数学知识	等　级	频　率
	(1) 整数加减 (2) 四则运算 (3) 乘方、开方、指数 (4) 计算机程序语言 (5) 其他	(　) (　) (　) (　) (　)	1　　2　　3　　4　　5 极小　偶尔　不太经常　经常　非常经常
	3. 学历要求 □初中　□高中　□职业高中　□大学专科　□大学本科　□硕士研究生　□博士研究生		
	4. 为顺利履行工作职责，应进行哪些方面的培训，需要多少时间		
	培　训　科　目	培　训　内　容	最低培训时间（月）
	5. 一个刚刚开始从事本职业的人，要多长时间才能基本胜任你所从事的工作		
	6. 为顺利履行你所从事的工作，需具备哪些方面的工作经历，约多长时间		
	工作经历要求		
		最低时间要求	
	7. 在工作中你觉得最困难的事情是什么，你通常是怎样处理的		
	困难的事情：	处理方法：	
	8. 你所从事的工作有何体力方面的要求		

续表

	9. 其他能力要求	等　级	需　要　程　度
任职资格要求	（1）领导能力	（　）	
	（2）指导能力	（　）	
	（3）激励能力	（　）	
	（4）授权能力	（　）	
	（5）创新能力	（　）	
	（6）计划能力	（　）	
	（7）资源分配能力	（　）	
	（8）管理技能	（　）	
	（9）组织人事技能	（　）	
	（10）时间管理能力	（　）	
	（11）人际关系能力	（　）	
	（12）协调能力	（　）	说明：
	（13）群体技能	（　）	
	（14）谈判能力	（　）	1　　　2　　　3　　　4　　　5
	（15）冲突管理能力	（　）	低　较低　一般　较高　高
	（16）说服能力	（　）	
	（17）公关能力	（　）	
	（18）表达能力	（　）	
	（19）公文写作能力	（　）	
	（20）倾听敏感能力	（　）	
	（21）信息管理能力	（　）	
	（22）分析能力	（　）	
	（23）判断、决策能力	（　）	
	（24）实施能力	（　）	
	（25）其他	（　）	

10. 请你详细填写从事工作所需要的各种知识和要求程度

知识内容	等　级	需　要　程　度
如计算机知识	4	说明： 　1　　　2　　　3　　　4　　　5 　低　较低　一般　较高　高

11. 对于你所从事的工作，你认为应从哪些角度进行考核，基本标准是什么

	考核角度	考核基本标准
考核		

12. 你认为你从事的工作有哪些不合理的地方，应如何改善，提出改进建议

	不合理之处	改进建议
建议		

备注	13. 你还有哪些需要说明的问题
	直接上级确认符合事实后，签名：
	（如不符合，请说明并更正）

表 2-4　开放式调查表　　　　　　　填表日期：　　年　月　日

工作部门		职务名称	
一、职责内容			
（一）概述 （二）所任工作			
工　作　项　目	处理方式及程序		所占每日工作时数
二、职责程度			
（一）工作复杂性			
（二）所受监督			
（三）所循规章			
（四）对工作结果的负责程度			
（五）所需创造力			
（六）与人接触			
（七）所予监督			
填表人	（签名盖章）		
以上所填均属正确			
所属部门上一级主管	（签名盖章）	所属部门直接主管	（签名盖章）

（二）问卷调查法的操作实施

结构化问卷是在相应理论模型和假设前提下，按照结构化的要求设计的相对稳定的职位分析问卷。由于其采用的是封闭式问题，而且问卷遵循严格的逻辑体系，所以结构化问卷的重点是在发放问卷采集信息后的信息分析。与结构化的问卷相比，非结构化问卷有着精度不足、随意性强等缺陷，所以利用这种问卷收集信息的过程中要注意以下相关的操作要点。

1. 问卷设计

问卷调查的第一步是根据职位分析的目的和用途，设计个性化的调查问卷。主要应考虑的内容如下：①问卷包含的项目；②填写说明；③阅读难度；④填写难度；⑤填写者的文化水平；⑥问卷长度。

2. 问卷试测

设计的问卷初稿在正式调查前应选取部分岗位进行试测，针对试测过程中出现的问题及时加以修改和完善，避免正式调查时出现严重的结构性错误。

3. 样本选择

针对某一具体职位进行分析时，若目标职位任职者较少（3人以下），则全体任职者均为调查对象，若任职者较多，则应选取适当的调查样本，出于经济性和操作性的考虑，样本人数以3~5人为宜。

4. 问卷发放及回收

在对选取的职位分析样本进行必要的职位分析辅导培训后，职位分析师通过公司内部通信渠道（文件、OA系统等）发放职位分析调查问卷。在问卷填写过程中，职位分析师应及时跟踪相关人员填写状况，解答过程中出现的疑难问题，并通过中期研讨会的形式组织目标职位任职者交流填写心得，统一填写规范。职位分析师按照职位分析计划按时回收问卷。

5. 问卷处理及运用

对于回收的问卷，职位分析师应进行分析整理，剔除不合格问卷或重新进行调查；然后将相同职位的调查问卷进行比较分析，提炼正确信息，编制职位说明书。

（三）注意事项

为保证问卷调查法取得良好效果，需要在以下几个方面多加注意。

（1）问卷设计的质量。问卷调查法的效果首先取决于问卷设计质量的好坏。根据笔者的经验，一份好的问卷必须具有系统完整的结构、标准化的格式，同时在问卷的各个部分给出详细的填写说明书和填写范例，使问卷回答者能够准确地把握填写的标准。

（2）问卷调查前的辅导。问卷调查法的效果还取决于问卷回答者对调查的合作态度以及他们对问卷的理解程度。因此，在进行问卷调查前，必须对调查对象进行问卷填写辅导，通过面对面的沟通，向他们说明调查的意图，并就问卷的内容和填写规范进行讲解。

（3）问卷调查过程的控制。对调查过程的严密组织、及时沟通与反馈也能够大大提高问卷调查的效果。

（4）问卷调查信息的确认。问卷回收之前，必须首先将问卷反馈给被调查职位任职人员的上司，请他们对问卷中的信息进行确认、修正并签字，确保问卷收集信息的真实性与准确性。

三、资料分析法

资料分析法又称文献分析法，是一种通过对现存的和工作相关的文档资料进行系统性分析来获取工作信息的、经济有效的信息收集方法。这种方法是对现有资料的分析、提炼和加工，所以它无法填补现有资料的空缺，也无法验证现有资料的真伪。因此，资料分析法一般用来收集工作的原始信息，编制任务清单的初稿，然后再用其他的方法将该方法收集到的信息进行验证。

（一）资料分析法的操作步骤

资料分析法的一般操作步骤如图 2-1 所示。

图 2-1　资料分析法操作步骤图

（1）确定工作分析对象，就是要明确对什么样的职位进行分析。

（2）确定信息来源。就是选择获得资料的渠道，可以来自组织，也可以来自个人。

（3）收集原始资料。具体分为内部信息和外部信息，内部信息指来自以下信息载体的信息：员工手册，公司组织管理制度，岗位职责说明，公司会议记录，作业流程说明，ISO 质量文件，分权手册，工作环境描述，员工生产记录，工作计划，设备材料使用与管理制度，行政主管、行业主管部门文件，作业指导书等。

（4）筛选整理相关信息，包括：①各项工作活动与任务；②各项工作与任务的细节，重点是各项活动、任务的主动词，对于动作的先后可用数字加以区分；③文献分析中遇到的问题；④引用的其他需要查阅的文献；⑤知识、技能、能力要求；⑥特殊环境要求（如工作危险、警告等）；⑦工作中使用的设备；⑧绩效标准；⑨工作成果。

（5）描述信息。

示例：岗位责任制是国内企业，特别是大中型企业十分重视的一项制度。但是岗位责任制只规定了工作的责任和任务，没有规定工作的其他要求，如工作的社会条件、物理环境、聘用条件、工作流程以及任职资格等。如果根据企业的具体情况，在岗位责任制基础上添加一些必要的内容，可以形成一份完整的工作描述与任职说明书，炼铁厂计划科综合统计员的任职说明书如表2-5所示。

表2-5　某炼铁厂计划科综合统计员的任职说明书

工作职责：
　　在科长的领导下，按照专业管理制度和上级有关规定，负责全厂生产、经济、技术指标综合统计工作，归口数据管理。
工作标准：
　　（1）综合统计，编制报表、图表。月报于次月6日前报出，季、年报分别于季后第1月7日前、次年1月10日前报出，每月15日前完成图表上墙，每月28日前提出产品、品种及主要经济指标，准确率达9项。
　　（2）负责结算炼钢厂生产原料、燃料耗用量。每月1日与烧结厂、原料处结算烧结矿、废铁数量，做到准确无误。
　　（3）负责收集国内外同行业有关生产经济指标等资料。每月20日前将16个单位主要指标登台入账，填写图表上墙。
　　（4）负责提出统计分析，每月28日前完成。
　　（5）建立健全数据管理制度，建立厂级数据库，使全厂数据管理系统化、规范化。
任职条件：
　　必须熟悉上级有关统计规章制度、统计方法，并严格执行，懂得炼铁生产工艺及主要设备生产能力；掌握企业管理的一般知识和工业统计理论知识及统计计算能力。

资料来源：徐纪良．现代人力资源概论．上海：上海人民出版社，1996．

（二）资料分析法的注意事项

（1）资料分析法得到的工作分析信息为其他职位分析方法提供了"第一手"资料，因此要最大限度地分析和整理所有与职位有关的信息。

（2）对于资料分析法所获信息应采取批判吸收的态度，切忌"先入为主"，用旧信息作为评价新信息的标杆。

（3）在对文献进行研究时，应按照既定标准记录信息，切忌"走马观花"，流于形式。

（4）以资料分析法所获信息为基础编制其他职位分析工具时，应注意旧信息的适度"介入"，既不要使编制的职位分析工具流于表面，缺乏个性，也不要因旧信息的大量堆积影响任职者的判断。

四、观察法

观察法是指由工作分析人员通过实地的观察、交流、操作等方式收集工作信息的过程。观察法适用于那些变化少而且动作性强的工作，同时该方法得到的信息不是很重要，经常为了验证其他方法而使用观察法，因此该方法适合和其他方法一起使用。

（一）观察法的使用原则

（1）被观察者的工作相对稳定，即在一定的时间内，工作内容、程序、对工作人员的要求不会发生明显的变化。

(2) 适用于大量标准化的、周期较短的以体力活动为主的工作，不适用于脑力活动为主的工作。

(3) 要注意工作行为样本的代表性，有时有些行为在观察过程中可能未表现出来。

(4) 观察人员尽可能不要引起被观察者的注意，不应干扰被观察者的工作。

(5) 观察前要有详细的观察提纲和行为标准。

（二）观察法的分类

根据不同的角度，观察法有着不同的分类。

(1) 根据观察的目的不同，可以将观察法分为描述性观察和验证性观察。描述性观察的目的是通过对任职者行为、活动等的观察，获取完整的信息，为后续的编制调查问卷、访谈提纲、工作说明书提供信息支撑。而验证性观察则是通过观察来验证通过其他方法所收集信息的真伪，对信息进行加工修订，只需要根据需验证的信息所涉及的客体进行观察。

(2) 根据对观察过程、记录方式、结果整理等环节事先确定和统一的程度，分为结构化观察和非结构化观察。结构化观察法需要在现有理论模型（如KSAOs）和对与职位相关的资料进行分析整理的基础上，针对目标职位的特点开发个性化的观察分析指南，对观察过程进行详细规范，严密掌控观察分析的全过程。非结构化观察法则只需根据观察的目标定位、所要收集的信息进行观察，方式灵活。

（三）观察法的程序

观察法的程序流程如图2-2所示。

图2-2 观察法的程序流程

1. 初步了解工作信息

(1) 明确工作分析观察的目的，决定观察法是描述性的还是验证性的。

(2) 根据现有的资料形成工作的总体概念。

(3) 准备一个初步的任务清单。

(4) 为在数据收集过程中涉及的不清楚的主要项目做一个注释。

2. 实施前的设计

(1) 观察对象的选择和培训。根据任职者的多少，在"标杆瞄准"原则的指导下选取绩效水平高的任职者作为观察对象，并对其进行相关的培训。通过培训使其明确工作分析的目的、流程和最终的影响，达到消除其戒备心的目的。

(2) 选择合适的方法，是使用结构化方法，还是非结构化方法，现实的操作过程中，为了避免不足，经常是两者结合，在两者之间选择一个平衡点。

（3）对工作分析人员进行选拔和培训，目的是增强观察过程的可信度和信息收集的准确性。

3. 观察法的实施

（1）进入观察现场。前面的准备工作就绪后不代表观察就可以顺利进行了，在进入现场后需要做一些相关的铺垫工作，如相关的承诺，与任职者建立良好的相互信任关系；简要的介绍，打消任职者"跟随效应"下的想法；设备安装，尽量避开任职者，以免对其造成影响。

（2）现场记录，观察者要严格遵守观察记录的流程要求。观察时特别注意三个方面：首先，保持距离。观察者与工作者最好处于"单向知觉"状态，也就是说，最好的情况是观察者能清晰地观察工作者的工作活动，而工作者无法看见观察者。其次，交流。观察者可以在工作间歇（如喝水、简短休息）时，与工作者就观察过程中的某些疑问进行探讨，切忌过于频繁。最后，反馈。观察结束后，应及时与工作者就观察所获信息进行沟通、确认。

4. 数据的整理、分析和应用

观察结束后应对收集的信息数据进行归类整理，形成观察记录报告。观察法数据分析是一项庞杂的工作，尤其是对于非结构化观察法，要对大量的活动描述进行归类分析。

（四）附表

工作分析观察提纲如表 2-6 所示。某操作职位"工作分析观察表"如表 2-7 所示。

表 2-6　工作分析观察提纲（部分）

```
被观察者姓名：_____        日　　期：_____
观察员姓名：_____        观察时间：_____
工作类型：_____        工作部门：_____
观察内容：_____
_____
1. 什么时候开始正式工作？_____
2. 上午工作多少小时？_____
3. 上午休息几次？_____
4. 第一次休息时间从_____到_____。
5. 第二次休息时间从_____到_____。
6. 上午完成产品多少件？_____
7. 平均多少时间完成一件产品？_____
8. 与同事交谈几次？_____
9. 每次交谈多长时间？_____
10. 室内温度_____摄氏度。
11. 上午抽了几支烟？_____
12. 上午喝了几次水？_____
13. 什么时候开始午休？_____
14. 出了多少次品？_____
15. 搬了多少次原材料？_____
16. 工作地噪声多少分贝？_____
```

表 2-7 某操作职位"工作分析观察表"

一、岗位	2. 体力负荷						
1. 岗位名称		次 数					
2.	负重千克	1~3	3~5	5~10	10~25	25~50	50 以上	备注
产品名称 / 产品名称	拿							
	搬							
	推拉							
	3. 眼手灵活性　　高 1 2 3 4 5 低							
3. 流水类型	4. 眼手脚协调性　高 1 2 3 4 5 低							
4.	5. 视力等级　　　好 1 2 3 4 5 差							
工序名称 / 工序名称	6. 听力　　　　　强 1 2 3 4 5 弱							
	7. 触摸　　　　频次高 1 2 3 4 5 低							
5. 工序类型　A. 部装　B. 主线　C. 其他	8. 记忆　　　　　强 1 2 3 4 5 弱							
6. 岗位在工序中的作用及其重要性 A. 一般岗　B. 关键岗 C. 质控岗　D. 关键质控	9. 分析　　　　　高 1 2 3 4 5 低							
	10. 观察　　　　　高 1 2 3 4 5 低							
7. 具体工作任务	11. 注意力　　　集中 1 2 3 4 5 分散							
	12. 紧张程度　　　高 1 2 3 4 5 低							
	13. 计算程度　　　难 1 2 3 4 5 易							
二、设备与产品	四、任职资格							
1. 设备与用具	1. 所需最低工作熟练程度等级 A. 初级工　a. 1 级　b. 2 级　c. 3 级 B. 中级工　a. 1 级　b. 2 级　c. 3 级 C. 高级工　a. 1 级　b. 2 级　c. 3 级							
名称 / 类型 / 数量 设备 模具 量具 辅具								
2. 加工或装配的零部件及零件号	2. 所需最低学历 A. 小学　B. 初中　C. 技校高中　D. 大专 E. 大专以上							
三、身心活动	3. 相同或相似岗位工作经验 A. 半年　B. 一年　C. 两年　D. 两年以上							
1. 工作姿势 A. 站　B. 坐　C. 蹲　D1. 空走 D2. 搬物直走　D3. 弯腰搬物走								

续表

4. 岗前培训时间		6. 温度	不适宜 1 2 3 适度
5. 年龄 A. 18~23 岁 B. 24~28 岁 C. 29~33 岁 D. 34~38 岁 E. 39 岁以上		7. 通风	不好 1 2 3 好
		8. 噪音	大 1 2 3 小
6. 性别 A. 男 B. 女		9. 照明	暗 1 2 3 明
五、工作关系		10. 火花飞溅	有 1 2 3 无
1. 是否有人指导监督 A. 有 B. 无		11. 电弧光	有 1 2 3 无
2. 什么人		12. 地面清洁	脏 1 2 3 洁
3. 什么性质 A. 定期 B. 不定期		13. 设备清洁	脏 1 2 3 洁
4. 是否指导别人 A. 是 B. 否		14. 警觉程度	需要 1 2 3 不需要
5. 什么人		15. 危险程度	大 1 2 3 小
6. 什么性质 A. 定期 B. 不定期		16. 铁屑飞溅	有 1 2 3 无
7. 与上下工位的联系方式 A. 头交流 B. 动作交流 C. 文档交流		**八、差错类型与影响程度** 一次差错对企业可能造成的损失	
8. 与同事的合作与协调 A. 多 B. 一般 C. 少		A. 10 元/次以下 B. 11~100 元/次 C. 101~1 000 元/次 D. 1 001~10 000 元/次 E. 其他	
六、工作评价标准		**九、工作准备与安排**	
产品合格率/班		1. 原材料 A. 需要准备 B. 不需要 需要多长时间 A. 少于 10 分钟 B. 10~15 分钟 C. 15~20 分钟 D. 20 分钟以上 2. 设备运行前准备 设备试运行 A. 需要 B. 不需要 设备保养 A. 需要 B. 不需要	
生产数量/班			
单件操作时间			
设备保养标准			
其他			
七、工作环境与条件			
1. 空气	污浊 1 2 3 清新	**十、与外部配件的关系**	
2. 油污	有 1 2 3 无	外部配件原料、毛坯的质量对本岗位工作的影响 A. 严重 B. 不严重 C. 无影响 表现在哪些方面_____	
3. 粉尘	多 1 2 3 少		
4. 液体	有害 1 2 3 无害		
5. 气体	有害 1 2 3 无害	**十一、需要说明的其他问题**	

五、工作日志法

工作日志法是由工作者本人按工作日志的形式，详细地记录自己在一定工作周期内（通常是一个工作日）的工作内容、消耗的时间，以及责任、权利、人际关系、工作负荷、感受等，然后在此基础上进行综合分析，以实现工作分析目的的一种方法。

（一）工作日志填写的内容

工作日志填写的主要内容如表 2-8 所示。

表 2-8　工作日志填写内容

工作日志填写内容
1. 活动名称：工作活动概述（2～4 字） 2. 编号：记录工作活动的顺序 3. 活动方式：动词，准确描述如何完成该活动 4. 活动对象：工作活动的客体，活动加工的对象 5. 活动结果：工作活动带来的直接成果 6. 频次：在此段时间内重复出现的次数 7. 起止时间：工作活动发生的起止时间（原则上，每隔半小时填写一次工作日志；若有跨时间区间的工作活动，则在工作结束后填写） 8. 活动地点：活动发生的地点以及地点转移 9. 工作联系：与部门其他人员、其余部门人员、外部人员发生的工作联系的内容以及对方的身份（企业、部门、职位） 10. 性质：常规或临时。区分常规工作活动与临时性、偶尔发生的工作活动 11. 重要程度：分为 3 个等级，依次为很重要、重要、一般

（二）工作日志操作流程和注意事项

1. 操作流程

（1）准备阶段。

① 对现有的文献资料进行整理，确定信息收集的对象，包括职位和相应的工作人员。

② 工作分析人员设计出一份详细的工作日志表。

③ 工作日志填写辅导。工作分析小组召集填写者进行填写辅导，告诉他们如何规范地填写工作日志。

④ 确定填写的时间跨度和每日时间间隔。设计填写的总时间跨度，一般选取一个月到一个半月，根据职位的特点和所需的信息而定。填写工作日志的时间间隔的原则是在尽可能不影响日常工作的前提下记录完整准确的工作信息。

（2）工作日志的填写阶段。在工作日志填写过程中，要保证任职者按要求规范完成工作日志的填写工作，职位分析师需要通过各种方法进行过程监控。例如，阶段成果分析、职位分析交流会等。

（3）信息的分析整理阶段。工作日志整理的首要任务是从日常工作描述中提炼目标职位工作活动内容。一般来说，根据各项活动不同的完成方式，采用标准的动词形式，将其划分为大致的活动板块，例如，"文件起草""手续办理""编制报表"等，然后按照各板块内部工作客体的不同对工作任务加以细化归类，形成对各项活动的大致描述。

在确定工作活动后，根据日志内容，尤其是工作活动中的"动词"确定目标职位在工作活动中扮演的角色，结合工作对象、工作结果、重要性评价形成任职者在各项工作活动中的职责。区分工作活动的常规性和临时性，对于临时性的工作活动，应在工作描述中加以说明。将相同的工作联系客体归类，按照联系频率和重要性加以区分，在职位说明书相应项目下填写。对工作地点进行统计分类，按照出现频率进行排列，对于特殊工作地点应详细说明。可采用相应的统计制图软件，做出目标职位"时间-任务"序列图表，确定工作时间的性质。

2. 注意事项

（1）对于组织中的核心岗位，其职责或是重大，或是稳定性差，因此工作日志法不宜作为主导方法。

（2）工作日志所获信息相当的繁杂，后期信息整理工作量极大。因此，在工作日志填写表格设计阶段要设计结构化程度较高的填写表格，以减少任职者填写过程中可能出现的偏差和不规范之处，降低后期分析的难度。

（3）在实际操作过程中，职位分析人员应采取措施加强与填写者的沟通交流，如事前培训、过程指导、中期辅导等，削弱信息交流的单向性，避免造成信息缺失、理解误差等系统性或操作性错误。

（4）在工作日志填写过程中，职位分析人员应积极为任职者提供专业帮助与支持，同时也可以组织中期讲解、职位分析研讨会等活动跟踪填写全过程，力求在日志填写阶段减少填写偏差。

（三）工作日志示例

1. 表2-9所示为××公司员工工作日志示例

表2-9 ××公司员工工作日志示例

（封面）
工　作　日　志
姓　　　名： 年　　　龄： 岗位名称： 所属部门： 直接上级： 从事本业务工龄： 填写日期：自_____月_____日至_____月_____日 时间：8:00—12:00

续表

(封二)
工作日志填写说明：
（1）请在每天工作前将工作日志放在手边，按工作活动发生的顺序及时填写，切忌在一天工作结束后一并填写。
（2）要严格按照表格要求进行填写，不要遗漏那些细小的工作活动，以保证信息的完整性。
（3）请提供真实的信息，以免损害您的利益。
（4）请注意保留，以防丢失。
感谢您的真诚合作！

（正文） 工作日志填写表

编号	工作名称	活动内容	对象	页数	活动时间	活动地点	工作联系	性质
1	借款	办理借出业务费手续	市场部××员工	1	8:00—8:15	办公室	市场部	常规
2	电话	洽谈××公司结算事宜	××公司	1	8:20—8:25	办公室		常规
3	报表	审阅合并会计报表		1	8:30—9:10	办公室	本部门	常规
4	讨论	预算（工资、福利费、业绩奖）	部门内部人员	1	9:30—9:50	办公室	本部门	常规
⋮	⋮	⋮	⋮	⋮	⋮	⋮	⋮	⋮
14	讨论	讨论培训费用问题	人力资源部培训专员	1	10:35—11:10	办公室		临时
15	传真	召开信用委员会会议通知	信用委员会成员	1	11:15—11:25	办公室		临时
16	撰文	驻外汽车驾驶员工资规定		1	11:25—12:00	办公室		常规

填表人签字：

2. 表2-10所示为工作日志分析统计表示例

表2-10 工作日志分析统计示例

工作内容	工作职责	临时频率	常规频率
1. 办理结款	处理各个分公司申请结款事宜		6
2. 整理制作	汇总分公司报表，填写报表，汇总资料，归整、分类、存档非数据财务材料等		8
3. 确定薪酬	确定本科室员工的工资		2

续表

工作内容	工作职责	临时频率	常规频率
4. 结算	与各分公司结算业务费		6
5. 处理费用	处理在职、离职人员费用，各类费用		7
6. 人员事务	参与确定公司财务人员的人事政策		5
7. 起草文件	起草并修订、执行公司财务方面的有关规定		6
⋮	⋮	⋮	⋮
15. 讨论决策	参与公司财务具体规定的决策		8
16. 审核单据、凭证	审核会计凭证、单据		6
17. 确定预算	预算各项人事费用		5
18. 监督审核	分公司业务监督、总公司资金往来监督审核		6

说明：本表是某公司财务主管三天内工作日志的统计结果，共计 156 项工作活动。

六、主题专家会议法

主题专家会议法就是将主题专家（Subject Matter Expert，SME）召集起来，就目标职位的相关信息展开讨论，以达到收集数据，验证、确认职位分析成果的目的的过程。专家会议成员组成表如表 2-11 所示。

表 2-11 专家会议成员组成表

内部成员	外部成员
● 任职者 ● 直接上司 ● 曾经任职者 ● 内部客户 ● 其他熟悉目标职位的人	● 咨询专家 ● 外部客户 ● 其他组织"标杆"职位任职者

专家会议在组织的活动中有着广泛的应用，例如传统的德尔菲法等。专家会议的过程就是与职位相关的人员集思广益的过程，通过组织的内部—外部、流程的上游—下游、时间上的过去—当前—将来等多方面、多层次的交流达到高度的协调和统一。

（一）专家会议必要准备

由于专家会议是一种规范化、制度化的会议，因此为保证它能取得良好的效果，需要做多方面的准备，如表 2-12 所示。

表 2-12 专家会议准备事项

内 容	要 求
选择主持人	会议要求主持人有较强的表达能力、协调能力以及驾驭整个会议的能力。主持人的主要职责是：召集会议；控制进程；提出议题；与与会者讨论并做出决议；准备并分发会议所需的资料；对讨论过程中的分歧问题，会后进行调研复核，并将结果反馈给相关人员
选择与会的专家	主要为上司、咨询专家、外部客户、其他组织"标杆"职位任职者等；人数以 5~8 人为宜
相关材料和设施	会议主持人应事先准备好相关书面材料或其他媒体材料，例如，需确认的职位分析初稿、问卷、访谈提纲等
会议组织与安排	提前通知与会者，准备好会议所需的相关文件资料。安排布置会场以及做好与会议相关的后勤准备工作

（二）专家会议过程示例

专家会议过程示例如表 2-13 所示。

表 2-13 专家会议过程示例

日 程	会 议 内 容	时 间
第一天	开场白	8:30
	会议简介	8:45
	讨论具体目标以及相关用途	9:00
	讨论目标工作	9:15
	目标工作任务陈述并提供相关实证	9:30
	会议休息	10:30
	讨论工作结果及影响	10:45
	介绍并讨论工作任务列表	11:45
	午饭	12:00
	逐项评价并修订任务列表	13:00
第二天	填写与目标职位相关的调查问卷	8:30
	集中分析问卷数据	10:30
	午饭	12:00
	讨论与各项任务项对应的 KSAOs 要求	13:00
	最终定稿	14:30

（三）注意事项

（1）主题专家会议法的主要目的是为了征求各方面意见，因此应该注意营造会场平等、互信、友好的气氛，与会人员应该抛弃层级观念，就职位的所有方面进行面对面的、平等的、深入的探讨。

（2）主题专家会议的一个特点是外部专家参与，外部专家的参与是为了起到"标杆"的作用，有效地弥补组织内部自我修正、完善能力的不足。

（3）主题专家会议是职位分析的重要阶段之一，往往承担着最终确认职位分析成果的重任。组织者应在会议之前进行周密的计划安排、提供职位信息、协调与会人员时间、做好会议后勤保障工作。

（4）主题专家会议应有专人记录，以备查询。

（5）对于主题专家会议未形成决议的事项，应在会后由专人负责办理，然后将成果反馈给与会人员。

七、职位分析问卷法

职位分析问卷法（Position Analysis Questionnaire，PAQ）是一种通过标准化、结构化的问卷形式来收集信息，以人为中心的定量化的工作分析方法。职位分析问卷法是1972年美国普度大学教授 E. J. 麦考密克（E. J. McCormick）等人用了10年时间开发出来的。它的出现在当时有着两个突破性的意义：①首先开发出了一种用以准确确定工作的任职资格的一般性、量化的方法。②这种量化的方法，可以用来为每个工作估计价值，进而为制定薪酬提供依据。在 PAQ 的运用中，研究者发现 PAQ 提供的数据同样可以作为其他人力资源功能板块的信息基础，如工作分类、人职匹配、工作设计、职业生涯规划、培训、绩效测评以及职业咨询等。

（一）职位分析问卷的结构

一般的 PAQ 中有 187 项工作元素用来分析工作过程中员工活动的特征，另外还有 7 项涉及薪资问题，共 194 项。PAQ 收集的 6 大类信息分别为信息来源、工作产出、思考过程、人际关系、工作环境和其他职位特征。职位分析问卷的结构如表 2-14 所示。

表 2-14 职位分析问卷结构表

分 类	维 度	内 容	说 明
信息来源	知觉解释	解释感觉到的事物	从何处以及如何获得工作所需的信息
	信息使用	使用各种已有的信息资源	
	知觉判断	对感觉到的事物做出判断	
	环境感知	了解各种环境条件	
	视觉信息获取	通过对设备、材料的观察获取信息	
	知觉运用	使用各种感知	

续表

分类	维度	内容	说明
工作产出	使用工具	使用各种机器、工具	工作中包含哪些体力活动、需要使用什么工具设备
	身体活动	工作过程中的身体活动	
	控制身体协调	操作控制机械、流程	
	技术性活动	从事技术性或技巧性活动	
	使用设备	使用大量的各种各样的装备、设备	
	手工活动	从事手工操作性的活动	
	身体协调性	身体一般性协调	
思考过程	决策	做出决策	工作中有哪些推理、决策、计划、信息处理等脑力加工活动
	信息处理	加工信息处理	
人际关系	信息互换	相互交流相关信息	工作需要与哪些人发生何种类型的工作联系
	一般私人接触	从事一般性私人联络和接触	
	监督/协调	从事监督等相关活动	
	工作交流	与工作相关的信息交流	
	公共接触	公共场合的相关接触	
工作环境	潜在压力环境	工作环境中是否存在压力和消极因素	工作发生的自然环境和社会环境
	自我要求环境	对自我严格要求的环境	
	工作潜在危险	工作中的危险因素	
其他职位特征	典型性	典型性工作时间和非典型性工作时间的比较	其他活动、条件和特征
	事务性工作	从事事务性工作	
	着装要求	自我选择着装与特定要求着装的比较	
	薪资浮动比率	浮动薪酬与固定薪酬的比率	
	规律性	有规律工作时间和无规律工作时间的比较	
	强制性	在环境的强制下工作	
	结构性	从事结构性和非结构性工作活动	
	灵活性	敏锐地适应工作活动、环境的变化	

PAQ 要素要描述的是包含在工作活动中的"人的行为",如工作中的人的感觉、知觉、智力发挥、体力消耗和人际活动等。现行的 PAQ 经过主成分分析将工作元素聚集为 33 个维度。通过对这些工作元素的评价,可以反映目标职位在各维度上的特征。表 2-15 为职位分析问卷的部分示例。

表 2-15 职位分析问卷的部分示例

1.1.1 工作信息视觉					使用的限度	
					N	无运用
	内容	释义	尺度	等级	1	少量
1	书面材料	书本、报告、文件、文档等	通用		2	偶尔
2	数量化材料	包含大量的数字信息的资料，如会计报表、账目、数字表等	通用		3	一般
					4	较重要
3	图形材料	图片或类似图片的信息材料	通用		5	一般重要

2.6 操作协调活动					重要性	
					N	无运用
	内容	释义	尺度	等级	1	微小
93	手指操作	各种类型的细致的手指活动，包括使用精密仪器、写字、绘图等，没有明显手臂运动	通用		2	低
					3	平均
94	手臂操作	通过手臂运动操纵控制目标，例如，包装产品、修理机床等	通用		4	高
					5	极度

4.1.1 口头交流					重要性	
					N	无运用
	内容	释义	尺度	等级	1	微小
99	劝导	对于有关财务、法律、技术、精神以及各种专业方面的问题向他人提供咨询和指导	通用		2	低
					3	平均
100	谈判	与他人就某项问题达成一致所进行的交流沟通，如劳动谈判、外交关系	通用		4	高
					5	极度

4.3 工作联系数量					专业尺度：联系时间	
					1	几乎不
	内容	释义	尺度	等级	2	偶尔
112	工作联系	与他人或组织发生工作联系的深度，如与客户、病人、学生、公众、雇员等；仅考虑与工作相关的联系			3	不经常
					4	经常
					5	非常频繁

在 PAQ 中工作分析人员要从以下 6 个方面对每项工作要素进行衡量。

（1）使用的范围（U）——个人使用该项目的程度。

（2）时间总量（T）——做事所需要的时间比例。

(3) 对职位的重要性（I）——问题所细分出来的活动对执行工作的重要性。

(4) 出现的可能性（P）——工作中身体遭受伤害的可能性。

(5) 可应用性（A）——某个项目是否可应用于该职位。

(6) 专用（S）——用于PAQ中特别项目的专用等级量表。

（二）职位分析问卷的操作流程

PAQ操作过程可划分为7个步骤：明确工作分析的目的、获得组织的支持、确定信息收集的范围和方式、培训PAQ分析人员、与员工沟通项目、收集信息和分析结果，操作流程如图2-3所示。

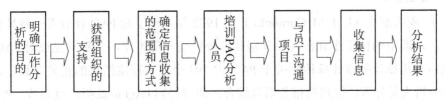

图2-3　PAQ操作流程图

1. 明确工作分析的目的

工作分析的目的不是问卷本身，是为了实现人力资源职能，如划分工作族、建立甄选指标、确定培训需求、建立绩效评价的要素、开发人事评估系统、预测多样化的工作所带来的压力以及为职业生涯服务等。

2. 获得组织的支持

获得员工的支持，尤其是管理层的支持，对于任何一种工作分析方法来说都很重要。首先，明确组织的文化和环境；其次，确定工作分析是从高层开始还是从基层开始；最后，将具体方案交给组织的管理人员，获得他们的支持。

3. 确定信息收集的范围和方式

信息收集一般有两种方式：一是专业的工作分析人员填写PAQ，任职人员或者直接主管提供工作信息的方式；二是任职人员直接填写PAQ的方式。

4. 培训PAQ分析人员

培训的内容包括：PAQ问卷的内容与操作、收集信息的技巧（如何倾听任职人员的描述等）、模拟训练、对实际工作过程中遇到的问题进行讨论等。

5. 与员工沟通项目

要获得员工的支持首先要与员工沟通，让员工了解工作分析的目的和意义。需要传递的信息包括：工作分析的目的、时间规划以及数据收集过程的注意事项等。

6. 收集信息

PAQ 信息收集的方法有访谈法、观察法、直接填写问卷法等。

7. 分析结果

PAQ 得到的问卷不但可以明确各工作岗位对人员的任职要求，而且可以根据需要进行其他的分析。如通过维度分析可以对某一项工作进行评分，而一旦经过评价后，工作内容的概况就可以建立起来并用于描述某一职位的特征。

（三）PAQ 信度和效度分析

1. 信度分析

E. J. 麦考密克（E. J. McCormick,）在 1972 年指出了对 PAQ 评分者一致性信度的测量方法，即由两位工作分析人员分别独立分析同一份工作，且独立完成对 PAQ 的评定，然后利用统计手段计算他们关于 PAQ 中 194 个要素评定结果的相关系数，再将多对工作分析人员分析后得到的相关系数综合，即可得到 PAQ 的此类信度系数。P. R. 詹纳雷特（P. R. Jeanneret）在 1980 年根据此方法利用 PAQ 分析了 303 份工作，得到的信度系数都处于 0.8 以上。PAQ 中工作维度的一致性也通过比较不同的工作分析专家独立分析同一工作得到的各维度的分值得到测量，信度系数均在 0.6 左右，具体数值依赖于所采用的计算方法。

2. 效度分析

E. J. 麦考密克在 1972 年运用美国劳工部开发的常规能力题库，即 GATB，分析了 PAQ 的效度。GATB 试题包括 9 套反映 9 种能力的试题，如图 2-4 所示。E. J. 麦考密克将 PAQ 的维度与这 9 种能力进行了匹配。研究者选取了 163 种工作作为研究样本，利用 PAQ 对每种工作进行分析，并邀请每种工作的多名称职任职者参加 GATB 的测试。

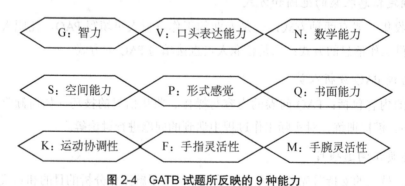

图 2-4　GATB 试题所反映的 9 种能力

（四）职位分析问卷的应用

由于 PAQ 的专业性和复杂性，PAQ 问卷在分析之后，结果可以应用到人力资源管理的各个领域中，如工作描述、工作分类、工作评价、工作设计和重组、人员录用、绩效评估、人员培训等。运用较多的工作分析报告的形式有如下 3 种。

1. 工作维度得分统计报告

工作维度得分统计报告是目标工作在职位分析问卷各评价维度上得分的标准化和综合性的比较分析报告。所有的评价维度得分均采用标准分的形式（Z 分数），标准得分直接反映目标职位与 PAQ 提供的样本常模在该维度上的差异，标准得分还有一种表现形式——百分比，可以直观地说明目标职位在评价维度上的相对位置，便于不同职位之间的相互比较。

2. 能力测试估计数据

PAQ 通过对职位信息的分析，确定该职位对于任职者各项能力（综合 GATB 系统）的要求，并且通过与能力水平常模的比较，将能力测试预测分数转化为相应的百分比形式，便于实际操作。能力测试预测数据的重要用途之一是作为人员甄选录用的参考。

3. 工作评价点值

通过 PAQ 内在的职位评价系统对所收集的职位信息进行评价，确定各职位的相对价值。通过这些相对价值，确定组织工作价值序列，作为组织薪酬设计的基础框架。

（五）职位分析问卷法的优缺点

1. 优点

（1）PAQ 可以直接用于不同的组织、不同的工作，使得比较各组织间的工作更加容易，也使工作分析更加准确与合理。

（2）PAQ 能够得出每一种（或者每一类）工作的技能数值与等级，因此，它还可以用来进行工作评估和人员甄选。

（3）同时考虑员工和工作两个变量因素，并将各种工作所需要的基础技能与基础行为以标准化的方式罗列出来，从而为人事调查、薪酬标准制定等提供了依据。

2. 缺点

（1）通用化或者标准化的格式导致了工作特征的抽象化，所以不能描述实际工作中特定的、具体的任务活动。

（2）由于要满足收集数据的有效性、准确性和通用性的要求，PAQ 法需要付出很高的时间成本。同时要求问卷的填写人是受过专业训练的工作分析人员，由他们对任职者和直接主管进行工作内容的访谈，然后再填写 PAQ 问卷。

职位分析问卷样本如表 2-16 所示。

表 2-16 职位分析问卷样本

职位分析问卷
（样式 A 节选）
具体说明

首先判定项目是否适合目标工作。
问卷中有些项目前的代码被方括号圈住，它们被认为是通用性的，可以应用到所有工作中。当分析任何工作时，都需要做出判断。对于没有用小方框标出的项目，分析人员首先要判定此项目是否适合被分析的工作，如果不适用，用"-"标出。
当某项目适合于目标工作时，请根据对应评价尺度做出等级判断。
评价尺度说明：每一个项目的首面标有的代码，表示相应的评价尺度。整份问卷包括五种代码：
1. 代码 I 表示项目对工作的重要程度，共分为六个等级：
"-" 表示不适用。
"1" 表示非常微小（是工作偶然性的、微小的因素）。
"2" 表示低（处于一般重要以下）。
"3" 表示一般（是对整个工作一般重要的因素）。
"4" 表示高（对工作足够重要的因素）。
"5" 表示极高（对工作非常重要的因素——最重要之一）。
2．代码 T：表示行为或者工作情境出现的时间。
3．代码 U：表示工作中具体信息源使用的范围。
4．代码 S：表示该项目适用的评价尺度是个性化的，不适用于其他的项目，当出现此代码时，会有对应的等级说明。
5．代码 X：表示检查项目，当一项目前的代码是 X 时，如果要对该项目做出评价，需要采用其他手段进行检查确定。
（正文）
工作名称：_____   日期：_____
组织：_____   分析者：_____
部门/单位：_____   雇员姓名（选择项）：_____

1. 信息输入

1.1 工作信息源

根据任职者在执行工作任务时把该项目用作信息源的范围，给下面的项目分级。

等　　级	使 用 范 围
-	不适用
1	表面上/非常偶然
2	偶尔
3	一般
4	相当大
5	非常大

1.1.1 工作信息的视觉源
（1）U 书写材料（公告、报告、备忘录、文章、工作说明书、计算机打印件、批注等）。
（2）U 图片资料（出现在报纸或电影上面的非口头信息源，如绘画、蓝图、图表、地图、摹图等）。
（3）U 数量资料（报表、记账细目、数据表格等，测量仪器除外）。
（4）U 测量仪器（标尺、圆规、刻度尺等）。
（5）U 工作辅助设施（如模板、模型等，在使用期间作为观察的信息源）。
（6）U 机械设备（工具、装备、机器等，在使用或者操作中观察到的信息源）。
（7）U 加工材料（零件、材料、加工物等，为加工、操作或其他处理时的信息源）。

续表

(8) U 不在加工过程中的材料（零件、材料、加工物等，如处理、检查、打包等，但是没有在加工过程中的信息源）。
(9) U 视觉显示（拨号、量规、信号灯、雷达监测等）。
(10) U 自然环境（风景、场地、地理条件、植物、天气情况和其他室内或室外环境，它们是可以通过观察或检测来获得的工作相关信息）。

1.2 鉴别和感性活动
1.2.1 鉴别活动
(21)【S】近处视觉鉴别的精确程度要求。

等 级	精确度（S）
1	大概（对工人在近处视觉鉴别度方面要求很小，例如产品装箱、农艺等）
2	一般（对工人在近处的视觉鉴别精度方面要求一般，例如读刻度盘和量规、邮件分类等）
3	高（对工人在近处的视觉鉴别精度方面要求很高，例如使用显微镜、修理手表等）

请根据项目对工作的重要程度对下面的项目进行判断分级。

等 级	重 要 程 度
—	不适用
1	非常微小
2	低
3	一般
4	高
5	极高

(22) I 远距离视觉辨别（辨别物体、事件的细节特征，例如操作汽车、美化环境、运动会主持等）。
(23) I 深度辨别（判断深度或者物体的相对距离）。
(24) I 颜色辨别（通过物体颜色、材料或者其他细节来进行区分和识别）。
(25) I 声音模式辨别（不同的模式或者一系列声音，例如摩斯代码包含的内容、心跳、发动机失灵等）。
(26) I 声音辨别（根据它们的强度，音调或质量辨别）。
(27) I 身体移动辨别（主要通过使用半圆管来辨别身体在速度方面的变化，例如正在飞行的飞机等）。
(28) I 姿势辨别（辨别身体位置或者垂直定位的变化，例如在非正常环境下身体的平衡等）。

2. 思考过程
2.1 决策和推理
(36)【S】决策。通过选择等级说明包含在工作中的典型决策水平，要考虑以下几个方面：需要考虑的因素数量和复杂程度；变化的多样性；决策的后果和重要性；对背景经历、教育和培训的要求；老员工指导的可行性；其他相关的考虑因素（下面每个等级所给出的例子只是建议性的）。

等 级	决 策 水 平
1	低（在仓库中进行正常安装，归架等挑选物体所进行的决策，如在卡通上面贴标签，指挥自动化机器等）
2	在一般以下（在操作木刨，分拆一辆出租车，给汽车加润滑油等方面所作的决策）
3	一般（安装机械工具使其运转，论断飞机的机械故障，提前预订办公室供应品等方面所作的决策）
4	一般以上（决定生产额度，进行诸如提升和解雇的人事决定等方面所作的决策）
5	高（批准公司每年预算，推荐外科医生，为新公司挑选位置等方面所作的决策）

(37)【S】解决问题中的推理水平（说明要求任职人员应用知识、经验对问题进行判断的推理水平）。

等 级	推理水平（S）
1	运用常识来执行简单的或者没有包含的指令，例如房屋管理员、运货员等
2	工作当中要求运用一些训练或者经验来从有限的方法中挑选出恰当的信息，例如销售人员、图书管理员等
3	运用有关原理来解决实际问题，并且当只有几个有限标准存在的情况下处理各种具体变量，例如簿记员、绘图员等
4	运用逻辑或者科学思维来明确问题、收集信息、确定事实，并且得出具有可行性的结论，例如调查员、解决问题的能手等
5	运用逻辑或科学思维原理来解决广泛的智力和实际问题，例如化学研究专家、电子工程师等

3. 工作输出
3.1 物理设备的使用
这个部分包括人们在工作中使用或操作的各种各样的设备。根据每种设备的使用对完成工作的重要程度来给下面的项目定级。

等 级	重要程度（I）
—	不适用
1	非常微小
2	低
3	平均
4	高
5	极高

3.1.1 手工工具
手动：
(50) I 精确工具（做精细工作所用的手动工具，例如雕刻工具等）。
(51) I 粗糙工具（手动手工工具，例如铁锤、钳子等）。
(52) I 长柄工具（镐、耙子、铲子、扫帚、拖把等）。
(53) I 柄把工具（钳子、长柄勺等，用于移动物体或者材料）。

续表

动力：
（54）I 精确工具（动力精确工具，例如牙医的锥子、蚀镂玻璃工具等）。
（55）I 粗糙工具（动力工具和设备，例如手拿锥子、锯、磨光的轮子等）。

4. 人际活动
这部分包括在各种工作中人际关系的不同方面。
4.1　交流
根据活动对完成工作的重要程度来给以下项目分级。
口头（通过说话交流）：
（100）I 建议（为了协商而涉及个人，或者关于可能通过法律的、科学的、临床的、精神的，或者其他专业原理来解决问题而进行指导）。
（101）I 谈判（为了达成一项协议或解决方案而涉及其他人，例如劳动争议、外交关系等）。
（102）I 说服（影响他人偏向某些行为或观点，例如销售、政治运动等）。
（103）I 指导（正式或非正式地培训或者教育其他人）。
（104）I 面试（为了达到一些具体的目的而进行面试，例如面试工作申请者、执行检查等）。
（105）I 交流信息（提供信息是为了从其他人那里获得信息，例如派遣出租车、整理材料、预约等）。
（106）I 公众讲话（在相当大的场合进行演讲或正式的致辞，例如政治演说、电台或电视广播、发布演说等）。
写作（通过书面的或印刷的材料进行交流）：
（107）I 写作（例如写信、写报告、写广告摹本、写文章等）。
其他交流：
（108）I 发送信号（通过特定类型的信号进行交流，例如手势信号、信号灯、口哨、喇叭、铃声、光等）。
（109）I 代码交流（电传打字机、电报、暗号等）。

5. 工作情境和工作联系
5.2　心理和社会因素
这部分包括工作的各种心理和社会因素。用代码来说明下列项目作为工作组成部分的重要强度。如果项目不适用，就留下空白。

等　级	和工作不相关的社会接触
1	非常偶然（几乎没有机会）
2	偶然（有限的机会）
3	偶尔（一般的机会）
4	经常（相当大的机会）
5	非常频繁（几乎一直有机会）

（148）I 文明规范（设定某些文明的规范或责任）。
（149）I 挫折情况（面对具有潜在挫折的情况）。
（150）I 紧张的个人接触（在令人不愉快或紧张的情况下接触个人或公众，例如公安工作的某些方面、某些典型谈判、处理某些精神病人等）。
（151）I 个人牺牲（当要服务于其他或组织目标时，愿意做出某些个人牺牲，例如军队、社会工作等）。
（152）I 社会价值冲突（活动可能和广为大众接受的公众社会价值标准相冲突）。
（153）S 和工作不相关的社会接触（在工作中需要和其他人接触，例如理发师、出租车司机等）。

续表

6. 多方面因素
6.2 工作要求
这部分列出了工作情境施加于工人的各种类型的工作要求，通常规定达到这些要求是为了他们能够出色地完成工作。根据项目对工作的重要程度来给下列项目分级。
（175）I 具体的工作步骤（在连续的安装线上等）。
（176）I 情境时间压力（在饭店的高峰期，最后期限的紧迫时间，紧迫工作等）。
（177）I 重复性活动（同样体力或脑力活动的动作，重复地在一定期限内操作，没有间断）。
（178）I 精确（要求比正常标准更精确）。
（179）I 注意细节（需要仔细注意工作的各个细节以确信没有遗漏）。
（180）I 辨别速度（需要比正常情况下更快地辨别事物）。
（181）I 灵活性—偶然事件（需要连续检查在工作情境中偶然发生但相当重要的事件，例如护林人，观察仪器仪表盘从正常情况区分出偶然的变化等）。
（182）I 灵活性—连续变化的时间（需要在连续的或者经常变化的环境中连续注意变化，例如交通行驶，控制航空交通工具等）。
（183）I 在注意力分散情况下工作（电话干扰，其他人干扰等）。
（184）I 现期的工作知识（需要和职务相关的新发展保持同步）。
（185）X 特殊的才能（用 X 来代表一项工作要求一些特殊的、独一无二的才能或技能且并没有被其他项目所覆盖）。
（186）T 旅行（用代码来说明工人因为工作而被要求远离家庭外出的时间比例）

八、管理职位描述问卷法

管理职位描述问卷法（Management Position Description Questionnaire，MPDQ）是一种结构化的，以管理型职位为分析对象的，以问卷为收集信息基本方法的工作分析方法，这种分析方法以工作为中心来设计问卷。管理职位分析问卷能提供关于管理职位的多种信息，这些信息将为达到某些人力资源管理的目标服务，管理工作方面的信息能通过计算机分析形成以应用为导向的决策支持型分析报告，供工作管理者和人力资源管理人员使用。MPDQ 问卷的分析结果可以形成多种报告形式，从而可以应用到工作评价、绩效评价、甄选或晋升等其他的人力资源管理职能中。

（一）管理职位描述问卷的结构

MPDQ 系统性的工作分析方法主要由三大模块组成：信息收集、信息分析和信息输出。

1. 信息收集部分

管理职位描述问卷中的问题从因素分析的角度可分为 15 个部分，涉及 274 项工作行为，如表 2-17 所示。该问卷由管理职位的任职者填写，主要用来收集与该职位相关的信息。

表 2-17　MPDQ 问卷结构表

MPDQ 问卷内容	题目数量	
	描述工作行为的题目数	其他内容的题目数
1．一般信息（General Information）	0	16
2．决策（Decision Making）	22	5
3．计划与组织（Planning and Organizing）	27	0
4．行政（Administering）	21	0
5．控制（Controlling）	17	0
6．督导（Supervising）	24	0
7．咨询与创新（Consulting and Innovating）	20	0
8．联系（Contacting）	16	0
9．协作（Coordinating）	18	0
10．表现力（Representing）	21	0
11．监控商业指标（Monitoring Business Indicators）	19	0
12．综合评定（Overall Ratings）	10	0
13．知识技能与能力（Knowledge Skills and Abilities）	0	31
14．组织层级结构图（Organization Chart）	0	0
15．评论（Comments and Reactions）	0	7
总　　计	215	59

MPDQ 部分问卷示例如表 2-18 所示。

表 2-18　MPDQ 部分问卷示例

第五部分：控制
指导语：

第一步：评定重要性
请指出以下每项活动对你职位的重要程度，然后按 0~4 分计分（标准如下），将分数写在每个题目前面的空白处。请记住，在评定时需要考虑该活动和其他职位活动相比的重要程度和发生的频率。
"0"——该活动与本工作完全无关
"1"——该活动只占本工作的一小部分并且重要程度不高
"2"——该活动属于本工作的一般重要部分
"3"——该活动是本工作的重要组成部分
"4"——该活动是本工作的关键部分，或者说是至关重要的部分

　1．审阅需要提交的计划，使之和组织的目标与策略保持一致。
　2．追踪并调整工作活动的进度，以保证按时完成目标或合同。
　3．为项目、计划和工作活动制定阶段目标、最后期限，并将职责分派给个人。

> 4. 监督产品的质量或者服务效率。
> 5. 对部门的发展和效率制定评估标准。
> 6. 在工作计划或项目结束后，评估其效果并记录在案。
> 7. 每个月至少进行一次对工作成效的分析。
> 8. 分析工作报告。
> 9. 控制产品生产或服务质量。
> 10. 监督下属完成部门目标的工作进程。
> 11. 监督在不同地区的部门的工作进程，并调整它们的活动以达到完成组织目标的要求。
> 12. 解释并执行组织的安全条例。
>
> 第二步：评论
> 请在下面的空白处写下你认为你的职位还应该包括的其他工作。

2. 信息分析部分

通过 MPDQ 问卷收集的工作描述信息需要进行转化，以满足不同的人力资源管理的需要，如绩效评估、工作评价等。MPDQ 问卷主要从以下 3 个角度对工作进行分析。

（1）管理工作要素，主要是指用于描述工作内容的要素组合，根据不同职位的工作内容的异同性对管理职位进行描述，包含 8 个要素，如表 2-19 所示。管理工作要素通常被薪酬管理人员和招聘人员使用。

表 2-19　管理工作要素表

要素名称	解释
决策（Decision Making）	评定各种信息和各种候选方案
计划与组织（Planning and Organizing）	制订长期和短期计划，包括制订长期目标、长期战略规划、短期目标以及短期日程安排，如对产品服务的设计、发展、生产和销售进行计划等
行政（Administering）	负责文件和档案的整理和保管、监控规章制度的执行、获取和传递信息
控制（Controlling）	控制和调整人力、财力和物力的分配，调拨材料、机器和服务资源，建立成本控制体系
咨询和创新（Consulting and Innovating）	应用高级技术解决疑难问题，为决策者提供关键信息和咨询，开发新产品和开拓新市场，密切关注技术前沿动态
协作（Coordinating）	与其他团体合作实现组织目标，在不能实施直接控制的情况下，能团结、整合力量，协助组织资源的使用，必要时能有效处理矛盾与分歧
表现力（Representing）	与个人或团体沟通交流，如客户、供应商、政府和社区代表、股东和求职者，促销组织的产品和服务，谈判并签订合同
监控商业指标（Monitoring Business Indicators）	监控关键的商业指标，如净收入、销售额、国际商业和经济趋势、竞争者的产品和服务

（2）管理绩效要素，是指那些对管理者工作绩效有显著影响的工作要素，包含9项，如表2-20所示。这些要素必须能够很好地显示管理绩效的优劣差异，主要用于帮助上级主管对管理者的工作进行指导和绩效考核，以及帮助上级主管和培训专家明确对管理者的培训需求。

表2-20 管理绩效要素表

要素名称	解释
工作管理	管理工作执行情况和资源使用情况，监控和处理各种信息，确保产品和服务的按时完成
商业计划	为达到目标，制订并实施商业计划与商业战略
解决问题/制定决策	分析技术上或商业上的问题与需求，做出决策，选择适当的方案或进行创新
沟通	高效、全面、准确地进行沟通，正确地分享和交换信息
客户/公共关系	组织与客户、预期客户及其他公共群体打交道
人力资源开发	通过有效的工作分配、指导、培训和绩效评价等措施来开发下属员工的潜能
人力资源管理	监督和管理下属员工，提供指导和领导
组织支持	有归属感，能得到其他管理者的支持来共同实现个人、团队和组织的目标
专业知识	具备实现既定绩效目标所需要的技术知识

（3）管理评价要素，用来评价管理类工作相对价值的维度，也就是区分不同的管理职位之间的相对价值的大小，或者说对组织贡献度的大小。管理评价要素主要有6项，如表2-21所示。

表2-21 管理评价要素表

要素名称	解释
决策	决策权利等级、决策重要性、复杂性以及决策的自主性
解决问题	分析性或创造性思维水平、对问题的洞察力以及解决方法的创造性
组织影响	对组织影响的显著程度，包括该职位对于实现组织目标、开发产品和服务、制定战略或商业规划、获取收益利润以及其他绩效目标的贡献
人力资源职责	人员督导职责，包括监督指导的下属人数、级别以及复杂程度
知识、经验和技能	职位所需要的用来解决关键性组织问题的知识、经验和技能，以及在何种程度上需要将这些知识、经验和技能应用于解决实际问题
联系	组织内部、外部联系的深度、广度、等级以及频率

3. 信息输出部分

MPDQ问卷作为一种成熟的针对管理人员的工作分析工具，主要是通过八份不同的工作分析报告为人力资源管理决策提供信息支持的。这八份报告有着规定的格式，如表 2-22 所示为八份报告的说明。

表 2-22　工作分析报告说明

分析报告名称	说　明	信息来源	主要用途
管理职位描述	对管理职位进行细节性、描述性的总结归纳。包括：财务人事职责权限；工作活动重要性排序；工作联系；决策情境特征；知识技能能力要求	MPDQ 问卷的"一般信息部分"	（1）服务求职者的工作描述 （2）上岗指引 （3）面试基础信息 （4）工作设计 （5）薪酬结构
管理工作描述	类似于管理职位描述报告，主要是对一组管理职位工作内容的综合性的、平均水平的描述，用于构建管理职位描述常模		
群体比较报告	六组对照群体工作内容的主要异同点的对比分析表，区分共有活动和特有活动，按照出现频率进行归类，然后针对各种活动进行重要性评价	MPDQ 问卷中涉及的工作活动	（1）工作分类 （2）工作评价，同工同酬 （3）工作设计 （4）培训开发设计
个体职位剖析	（1）在管理工作要素的八个评价维度上将目标职位与所选同职等的职位进行比较分析；（2）该职位在管理评价要素上的得分以及加权得分	管理工作要素+管理评价要素	（1）确定工作价值 （2）确定职位等级 （3）薪酬设计 （4）制订培训开发计划
群体职位剖析	类似于个体职位剖析，主要是对相同的一组管理职位在管理工作要素和管理评价要素上的平均水平的相关比较分析		
多维度群体绩效剖析	（1）管理绩效要素各维度对于所选一组管理人员的平均重要性程度的综合报告，由此确定各评价要素的权重；（2）MPDQ 中的 KSAOs 平均要求水平	管理绩效要素+MPDQ 的 KSA 部分	（1）确定绩效评价要素权重 （2）KSA 用于人员甄选录用 （3）通过与个体绩效对比，确定培训开发计划
多维度个体绩效剖析	类似于多维度群体绩效剖析，主要对个人的管理绩效要素的重要性评价进行分析，以及个体的 KSA 水平分析，通过与群体水平的对比，对绩效改进和培训开发提供指导		
职位绩效评价表	适用于特定管理职位的绩效评价体系和雇员开发计划，对管理绩效 9 个要素进行深度定义剖析，加以操作化，并附加若干具有代表性的绩效活动示例	管理绩效要素+多维度群体绩效剖析	（1）绩效评价 （2）人员开发

表 2-23 所示为工作分析报告——管理职位描述的部分内容。

表 2-23　工作分析报告——管理职位描述部分内容示例

姓名：×××		公司名称：××××	
员工标号：121		直接上级姓名：×××	
职位名称：××管理者		直接上级职务：××管理者	
管理级别：Supervisor		完成时间：××××年××月××日	

1. 一般信息

A. 人力资源管理职责
——人力资源管理职责约占所有职责的28%
——所辖下属的最高职务：高级程序员
B. 财务管理职责
——不对年度营业收支预算负责
——对下列财务指标负责
——上一会计年度销售额　　　¥90 000
——本年度的销售目标　　　　¥150 000
——上一会计年度销售收入　　¥180 000
——本年度销售收入目标　　　¥250 000

2. 职位活动

制定决策：任职者5%的时间都用于制定决策，对本管理职位而言，决策是非常重要的职能。与决策相关的活动以及它们对职位的重要程度如下。

重要程度	序　号	活 动 描 述
关键性的	5	考虑决策的长期影响
关键性的	8	在没有经验和指导的情况下，在新的环境和突发事件中制定决策
关键性的	11	在有时间压力的情况下制定非常关键的决策
关键性的	18	在制定决策之前需要处理、评价大量信息
关键性的	21	制定对客户或消费者有重大影响的决策
重要的	7	在制定决策时要深入考虑法律、道德因素以及组织的政策目标
重要的	14	在必要时制定决策不应有任何迟疑
一般的	1	在决策之前评价各种解决问题的候选方案的成本和收益

（二）管理职位描述问卷的优缺点

1. 优点

（1）MPDQ 是用于评价管理工作的职位分析工具，适用于管理层的职位分析，有很好的针对性。

（2）经过职位分析专家长期、广泛、深入的实证研究和修订，MPDQ 具有较高的区分度，并能将数据信息转化为人力资源管理人员可以使用的信息报告和表格。

（3）由于 MPDQ 收集信息的广泛性，使其可以在人力资源管理的其他职能领域进行综合应用。

（4）通过计算机程序，MPDQ 在某种程度上降低了主观因素的影响，同时其最终报告大量以图表形式出现，信息充足，简单易懂，提高了组织人力资源管理的效率。

2. 缺点

（1）MPDQ 的各个分析维度是在对国外管理人员的实证研究基础上形成的，缺乏根据我国管理人员自身特点的修正。

（2）由于管理工作的复杂性，难以用 MPDQ 分析所有类型的管理工作。

（3）成本比较高，投入比较大。

九、职能工作分析法

职能工作分析法（Functional Job Analysis，FJA）又称功能性职位分析方法，它主要集中于对目标职位的功能性要素的分析，是一种以工作为导向的工作分析方法。职能工作分析法以工作者应该发挥的职能为核心，详细分析每项工作任务要求，全面具体地描述工作内容。

（一）职能工作分析法的框架结构

图 2-5 是一个简略的职能工作分析法的框架结构图，给出了各个板块和部分之间的关系，以及职能工作分析法的基本流程和各个阶段的成果。

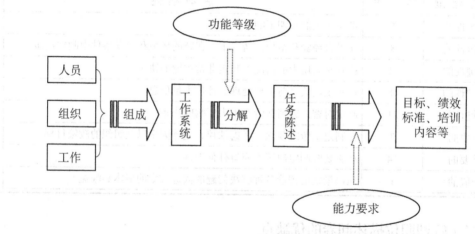

图 2-5　职能工作分析法框架结构图

FJA 建立在对特定组织系统中的人员、组织、工作之间的相互关系的假设基础上，工作系统中三要素（即人员、组织、工作）之间相互影响，又同时作用于组织生产力和员工发展。其中职位分析作为工作系统分析的一部分，受到组织和人员的共同影响，组织战略目标决定职位分析的方向定位，而人员任职资格与职位的匹配是工作系统正常运行的前提。因此，职位分析应包括职位对于组织战略目标的阐释和支持，职位在工作系统运转过程中行使的具体功能，以及以人岗匹配为目的确定任职者的绩效标准和获取绩效能力的途径——培训内容。

以工作为基础的 FJA 的职位分析形成以下成果。

1. 工作任务陈述

在FJA中，职位分析的基本单位是工作任务而不是"工作"。每项工作由若干具有一定逻辑关系的工作任务组成，但"工作"本身在不同的时期具有不同的任务组合，相对于"工作"来说，工作任务则处于相对稳定的状态。和其他职位分析方法一样，FJA对于工作任务的描述有其标准化的语言和结构。对于某项具体任务，在FJA初期收集信息阶段主要按照任务收集清单收集任务信息，然后根据任务收集清单编写工作任务说明书。

任务说明书示例如表2-24所示。

表2-24 任务说明书示例

任务陈述： 某公司打字员职位的某项工作任务（信件编辑录入）								
功能等级			时间比重			一般性教育开发			编号
数据	人	事物	数据	人	事物	推理	数学	语言	
3B	1A	2B	70%	5%	25%	3	1	4	
目标：（由使用者填写）								
任务陈述：按照标准操作程序要求，编辑打印标准信件格式，包括用于记录特殊信息的表格，并确保整洁清晰，以备邮寄。								

说明：表中相关专业符号和术语将在接下来的内容中介绍。

2. 功能等级

在FJA看来，人的工作行为总是体现为和一定的人、数据、事物的关系，而且在不同的工作活动中，人的工作行为与这三者之间的相互作用的形式、复杂程度以及结果有很大差异，对这些差异的准确描述正好构成某项任务区别于其他任务的相对稳定的特征。因此，FJA在对任务进行标准化描述的基础上，通过界定任职者对于人、数据、事物作用的功能等级，来更加准确地对目标任务进行描述。在大量分析研究的基础上，FJA选取部分具有代表意义的"动词"，形成了功能等级表，如表2-25所示。

表2-25 功能等级表

功能等级	事物	信息（数据）	人
高级	4A. 精确工作 4B. 装配	6. 综合 5A. 创新 5B. 协调	7. 顾问 6. 谈判 5. 管理
中级	3A. 操作-控制 3B. 运转-控制	4. 分析 3A. 计划 3B. 编辑	4A. 咨询 4B. 指导 4C. 处理 3A. 教导 3B. 劝导 3C. 转向

续表

功能等级	事　物	信息（数据）	人
低级	2A．照管 2B．操纵 1A．处理 1B．进给或移走	2．抄写 1．比较	2．信息转换 1A．指令协助 1B．服务

下面给出工作者职能每个等级标准定义表。

（1）数据职能等级表（见表2-26）。

表2-26　数据职能等级表

号码	名称	定　义
1	比较	选择、分类或排列相关数据，判断这些数据已具备的功能、结构或特性与已有的标准是类似还是不同
2	抄写	按纲要和计划召集会议或处理事情，使用各种操作工具来抄写、编录和邮寄资料
3A	计划	进行算术运算；编写报告，进行有关的预订和筹划工作
3B	编辑	遵照某一方案或系统去收集、比较和划分数据；在该过程中有一定决定权
4	分析	按照准则、标准和特定原则，在把握艺术和技术技巧的基础上，检查和评价相关数据，以决定相关的影响或后果，并选择替代方案
5A	创新	在整体运行理论原则范围内，在保证有机条件下修改、选择、调整现有的设计、程序或方法以满足特殊要求、特殊条件或特殊标准
5B	协调	在适当的目标和要求下，在资料分析的基础上决定时间、场所和一个过程的操作顺序、系统或组织，并修改目标、政策（限制条件）或程序，包括监督决策和事件报告
6	综合	基于人的直觉、感觉和意见（考虑或不考虑传统、经验和现存的情况），从新的角度出发，改变原有部分，以产生解决问题的新方法，来开发操作系统；或脱离现存的理论模式，从美学角度提出解决问题的办法或方案

（2）人员职能等级表（见表2-27）。

表2-27　人员职能等级表

号码	名称	定　义
1A	指令协助	注意管理者对工作的分配、指令或命令；除非需要指令明确化，一般不必与被管理者做直接的反应或交谈
1B	服务	注意人的要求和需要，或注意人们明显表示出的或暗示出的希望，有时需要直接做出反应
2	信息转换	通过讲述、谈论和示意，使人们得到信息；在既定的程序范围内明确做出任务分配明细表
3A	教导	在只有两人或一小组的情况下以同行或家庭式的关系关心个人，扶助和鼓励个人；关心个人的日常生活，在教育、鼓励和关心他人时要善于利用各种机构、团体与私人的建议和帮助
3B	劝导	用交谈和示范的方法引导别人，使别人喜欢某种产品和服务或赞成某种观点
3C	转向	通过逗趣等方法，使听众分心，使其精神放松、缓和某种气氛

续表

号码	名称	定义
4A	咨询	作为技术信息来源为别人提供服务，提供相关的信息来界定、扩展或完善既有的方法、能力或产品说明
4B	指导	通过解释、示范和试验的方法给其他人讲解或对他们进行培训
4C	处理	对需要帮助的人进行特定的治疗或调节；由于某些人对规定的反应可能会超出工作者的预想范围，所以要系统地观察在整个工作框架内个人行为的处理结果；当必要时要激励、支持和命令个人使他们对治疗和调节程序采取接受或合作的态度
5	管理	决定和解释每组工人的工作程序；赋予他们相应的责任和权限；保证他们之间和谐的关系；评价他们的工作绩效并促使他们提高效率，在程序的和技术的水平上做出决策
6	谈判	作为谈判某一方的正式代表与对手就相关事宜进行协商、讨论，以便充分利用资源和权力，在上级给定的权限内或在具有完整程序的主要工作中"放弃和接受"某些条件
7	顾问	与产生问题的人们进行交谈，劝导、协商或指导他们按照法律、科学、卫生、精神等专业原则来调节他们的生活；通过问题的分析、论断和公开处理来劝导他们

（3）事物职能等级表（见表 2-28）。

表 2-28　事物职能等级表

号码	名称	定义
1A	处理	工作对象、材料和工具在数量上很少，而工人又经常使用；精确度要求一般比较低；需要用小轮车、手推车和类似工具
1B	进给或移走	为自动的或需要工人控制和操作的机器设备安插、扔掉、倒掉或移走物料；具有精确的要求，大部分要求来自于工作本身所需的控制
2A	照管	帮助其他个人开、关和照看启动的机器和设备时，保证机器精确地运转，这需要工人在几个控制台按照说明去调节机器，并对自动机信号做出反应，包括所有不带有明显结构及结构变化的机器状态；在这里几乎不存在运转周期短、非标准化的工作；而且调节是预先指定好的
2B	操纵	当有一定数量的加工对象、工具及控制点需要处理时，加工、挖、运送、安排或放置物体或材料，具有比较精确的要求；包括工作台前的等待、用于调换部件的便携动力工具的使用，以及诸如厨房和花园工作中普通工具的使用等
3A	操作—控制	开动、控制和调节被用来设计产品结构和处理有关资料、人员和事物的机器设备；这样的工作包括打字员、转动木材等使用机器运转的工作或负责半自动机器的启动、熄火的工作；控制机器和设备包括在工作过程中对机器和设备进行准备和调整；需要控制的机器和设备包括计量仪、表盘、阀门开关及其他诸如温度、压力、液体流动、泵抽速度和材料反作用等方面的仪器；包括打字机、油印机和其他的在准备和调节过程中需要仔细确认和检查的办公机器（这一等级只用于一个单元里设备和机器的操作）
3B	运转—控制	（控制机器的操作）为了便于制造、加工和移动物体，操作过程必须被监视和引导；规范的控制行动需要持续的观察并迅速地做出反应（在使用工具时，即使工作只涉及人或物，也应遵循这一原则）

续表

号码	名称	定义
4A	精确工作	按标准工作程序加工、移动、引导和放置工作对象或材料，在这里，对工作对象、材料和工具处理的精确度要求应符合最终完成工作时的工艺要求（这个原则主要适用于依靠手工操作和使用手动工具的工作）
4B	装配	（安装机器设备）插入工具、选择工装、固定件和附件；修理机器或按工作设计和蓝本说明使机器恢复功能；精度要求很高；可以涉及其他工人操作或自己负责操作的一台或数台机器

3．目标

组织目标是由组织战略、计划推导出的对于目标任务的工作要求，一般由具体任职者填写。

4．工作任务对任职者的要求

绩效标准和培训内容体现了任务本身对于任职者全面能力的要求，在 FJA 系统中，职位对于任职者能力的要求主要体现在表 2-29 所示的三个方面。

表 2-29 FJA 系统中任职者的能力要求体系表

能力项目	项目释义	成果体现
功能性能力	个人处理与数据、人、事物之间关系的能力，例如推理、数学、语言、体力和人际能力等	培训内容
专业性能力	根据制度标准要求从事特定专业工作的能力	培训内容 绩效标准
适应性能力	个人与工作环境以及组织安排等保持一致或随之变化的能力	培训内容 绩效标准

5．培训内容和绩效标准

"培训内容"板块主要根据工作任务所需的功能性和专业性能力，确定完成该项任务所需的功能性培训、特殊性培训和适应性培训。

"绩效标准"板块包括定性绩效标准和定量绩效标准，主要界定该工作任务所需达到的效果、质量、数量、时间等方面的要求，同时在绩效标准的确定中往往会体现对任职者专业性能力和适应性能力的评价。

（二）职能工作分析法的操作流程

为了建立职能工作分析的任务库，需要按照一些基本的步骤操作才能覆盖任职者必须完成的 75%以上的工作内容，操作步骤主要有以下 9 个。

1．回顾现有的工作信息

工作分析者必须首先熟悉专家组的语言（行话）。现有的工作信息，包括工作描述、培训材料、组织目标陈述等，应该都能使工作分析者深入了解工作语言、工作层次、固定的操作程序以及组织的产出。

2. 安排同 SME 的小组会谈

同专家组会谈通常会持续 1~2 天时间。选择的专家组从范围上要尽可能广泛地代表工作任职者。会议室要配备必要的设备：投影仪、活动挂图、修正带，会议室的选址要远离工作地点，把对工作的影响减到最小。

3. 分发欢迎信

自我介绍之后，工作分析者应当向与会者分发欢迎信，来解释小组会谈的目的，尤其要点明参与者是会议的主体，要完成大部分工作，而工作分析者只是作为获取信息的向导或是以促进者的角色存在。

4. 确定 FJA 任务描述的方向

工作分析者事先应该至少准备好 3 张演示图。演示图的目的实际上是给 SME 提供任务陈述的格式和标准。这个过程大概会花费 20~30 分钟。

5. 列出工作产出表（产品或服务）

我们首先希望 SME 小组能把工作的产出列出来。我们通常会问专家们这样一些问题："你认为被雇用的工作任职者应该要提供什么产品或服务？工作的主要结果是什么？"一般来说，大概需要 15 分钟，小组就能以他们自己的语言将工作结果列出来。工作结果可能是物（各种类型的实物）、数据（报告、建议书、信件、统计报表、决议等）、服务（对人或者是动物），通常工作结果很少超过 10 条，多数的情况是 5~6 条。

6. 列出任务

让专家组从任何一个工作结果着手，请他们描述通过完成哪些任务才能得到这个工作结果。所列出的任务应能覆盖工作所包括的 95% 以上的工作任务，并要确信没有遗漏重要的任务项。

7. 修改任务库

每一个工作产出对应的任务都被写出来之后，我们会发现有些任务会在几个工作产出中反复出现，如"沟通"。在某些情形下，同样的任务会在信息来源或是最终结果上有细微的差别。另外，专家组应该说明有多少任务会以相同的行为开始。这些工作能使小组对他们的工作有一个全面深刻的认识，不仅可以让他们认识到不同工作之间的相似之处，而且可以使他们看到哪些任务是琐碎的，可以组成新的一部分而存在，而哪些任务是可以拆散为多个部分的。

8. 产生绩效标准，说明关键任务

SME 满意地完成了任务库之后，下一个任务就要让他们列出任职者为了满意地完成任务所需要具备的素质，工作分析者一般使用下面的问题来引导小组进行分析："大家可能注意到我们只是整理和分析了工作行为、最终结果、信息来源、指导以及工作设备，而没有谈及需要具备什么素质才能做好工作。通常很多任务都需要相同的素质特征，我们应该请 SME 进一步说明其中哪些素质特征是比较重要的，而哪些是最为关键的，同样在分析工作经验时亦是如此。"完成这些工作后，小组会议就可以结束了。

9. 编辑任务库

工作分析者将活动挂图上的信息收集起来并在此基础上用前文所述的格式进行任务库的编辑。我们要对这些信息进行整理，疏通语句，斟酌用词，特别是动词的使用。数据库即将完成时，应该抄录一份给 SME 小组做最后的修改纠正。

（三）职能分析法的应用

FJA 的分析结果可以应用到其他人力资源管理职能中，例如培训和绩效评估等。下面以某公司打印员的打印任务为例来说明 FJA 在培训和绩效评估两方面的应用，如表 2-30 所示。

表 2-30　某公司打印员打印任务陈述表

任　务	任　务　表　述
行为/动作	打印/誊写
动作的目的	形成信件
信息来源	通过记录提供
指导的性质	标准的信件形式 特定的信息 按照现有的操作规范操作，但为了文字的清楚和通顺可以调整标准格式
机器设备	打字机和相关的桌面设备
工作结果	待寄的信件

通过上述的任务陈述表，可以将打印任务表述如下：打印或誊写标准格式的信件，信息来源于记录所提供的特定信息，依据形成信件的标准程序操作，但为了文字的清楚和通顺可以调整标准格式，目的是准备待寄的信件。对打印任务进行清晰陈述后，进一步确定工作者完成该任务应当承担的职能的对应等级，这些职能包括数据职能、人员职能和事物职能等，其对应的等级如表 2-31 所示。

表 2-31　任务分析表

数据	人	物	数据	人	物	指导	理解能力	数学能力	语言能力
工作职能水平			工作职能取向				能力水平		
3B	1A	2B	70%	5%	25%	2	3	1	4
任务：打印/誊写标准格式的信件，信息来源于记录所提供的特定信息，依据形成信件的标准程序操作，但为了文字的清楚和通顺可以调整标准格式，目的是准备待寄的信件。									

根据以上 FJA 对工作任务的分析，可以提炼出该任务的绩效标准和培训要求，如表 2-32 所示。

表 2-32　FJA 的分析结果的应用示例

绩 效 标 准
描述： 　　以合理的速度和准确性打印 　　信件的格式正确 　　调整方式正确
数字表示： 　　在____时间内完成信件 　　每封信均无打印、机械或调整的错误 　　每封信件低于____个信息遗漏错误
培 训 内 容
职能性培训： 　　怎样打印信件 　　怎样誊写材料，纠正机械错误 　　怎样把两份书面信息整理成一份
特定培训： 　　如何获得记录，并从中寻找信息 　　标准信件格式的现行标准操作程序的相关知识 　　信件所需信息的知识 　　如何使用提供的打印机工作

以上所举的关于 FJA 在绩效评价和培训中的应用的例子比较简单，对于比较复杂和难度比较大的工作而言，同样可以适用于这种分析结构，当工作任务用这种方式表达出来时，我们就能够直接得到该项工作任务的绩效标准、培训内容和产生满意绩效所必需的通用和特定技能，而不必进行推断。

（四）职能分析法的注意事项

（1）定量化的系统性的职位分析方法必须建立在先进的管理信息系统的基础之上，需要对组织进行整个流程体系的分解、重组，以实现组织的标准化、信息化、电子化。

（2）国外的定量职位分析方法所包含的项目维度，是在对当地企业进行大量调查、统计验证的基础上得出的，具有当地的企业文化特征，国内引进这些职位分析方法需对其进行修订完善，以确保量表的效度与信度；另外在定量职位分析方法中所用的常模，是以国外组织为样本得出的，不完全适用于国内组织，以此为基础得出的分析结果往往容易发生偏差甚至出现严重错误。

（3）国外的诸多定量的职位分析方法，致力于构建某行业中某一职业的职责标准或任职资格标准，强调不同企业中相似职位之间的可比性，忽略不同组织之间的内在差异。而在国内的管理实践中，我们更多关注职位对某一具体组织的适应性，强调职位对组织战略的传递和落实，强调职位在整个管理、业务流程中的地位与作用，因此，对于职位的职责、任职资格的描述着重于个性化。

第二节 工作分析的流程

根据工作分析过程中的要素、中间变量、结果以及之间的相互关系，我们得出了一个工作分析的系统模型，可以看出工作分析实际上就是对与职位相关的信息进行收集、整理分析与综合的过程，如图 2-6 所示。

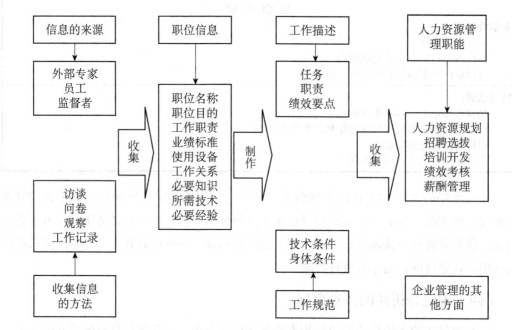

图 2-6 工作分析系统模型

根据这个模型，工作分析的整个流程可以分为以下四个阶段来完成：准备阶段、调查阶段、分析阶段和完成阶段，如图 2-7 所示。

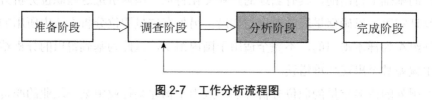

图 2-7 工作分析流程图

一、准备阶段

这一阶段主要完成以下几项任务。

（1）确定工作分析的目的和用途。工作分析的目的不同，所要收集的信息和使用的方法也会不同。

（2）成立工作分析小组。为了保证工作分析的顺利进行，在准备阶段还要成立一个工作分析小组，从人员上为这项工作的开展做好准备。小组的成员一般由三类人员组成：企业的高层领导、工作分析人员、主要的人力资源管理专业人员和熟悉部门情况的人员，还有外部的专家和顾问。

（3）对工作分析人员进行培训。为了保证工作分析的效果，还要由外部的专家和顾问对本企业参加工作分析小组的人员进行业务上的培训。

（4）做好其他必要的准备。例如，针对由各部门抽调的人员，部门经理要对其工作进行适当的调整，以保证他们有充足的时间进行这项工作。

二、调查阶段

这一阶段主要完成以下几项任务。
（1）制定工作分析的时间进度表，以协调各部门有序地开展工作。
（2）根据工作分析的目的，选择收集工作内容和相关信息的方法。
（3）收集工作的背景资料，这些资料包括公司的组织结构图、工作流程图以及国家的职位分类标准，可以的话，还应该找到以前保留的工作分析资料。
（4）收集职位相关的信息。

三、分析阶段

收集完信息后要进入分析阶段，分析阶段主要进行以下几项工作。
（1）整理资料。将收集到的信息按照工作说明书的各项要求进行归类整理，看是否有遗漏的项目，如果有的话返回到上个阶段，再次进行调查收集。
（2）审查资料。归类整理后，分析小组要对所获信息的准确性进行核查，需要的话召集相关人员进行核查，或者回到上个阶段，再次进行调查。
（3）分析资料。如果信息准确完备，接下来要对资料进行分析，也就是要归纳总结工作分析的必需材料和要素，解释出各个职位中主要成分的关键因素。

分析过程中要遵循以下原则。
① 对工作活动进行分析而不是罗列。分析时应当将某项职责分解为几个重要的部分，然后将其重新组合，而不是对任务或者活动进行简单罗列。
② 针对的是工作而不是人。
③ 分析要以当前的工作为依据。工作分析是为了获取某一特定时间内的职位情况，应当以当前的工作状况为基础进行分析，不能加入对工作的设想。

四、完成阶段

这是工作分析流程的最后一个阶段,主要任务如下。

(1)编写工作说明书。根据对资料的分析,首先要按照一定的格式编写工作说明书的初稿;然后反馈给相关的人员进行核实,意见不一致的地方要重点讨论,无法达成一致的要返回到分析阶段,重新进行分析;最后形成工作说明书定稿。

(2)对整个工作分析构成进行总结,找出其中成功的经验和存在的问题,以利于以后更好地进行工作分析。

(3)将工作分析的结果运用在人力资源管理以及企业管理的相关方面,真正发挥工作分析的作用。

需要说明的是,为了保证组织和管理的连贯性,企业内部的职位以及与此相对应的职位说明书必须保持相对的稳定,工作分析作为人力资源管理的一项活动,是一个连续不断变化的动态过程,工作说明书需要根据企业的战略、组织、业务和管理的发展变化适时地进行调整,要使工作说明书能及时地反映职位的变化,具体可参考表2-33。

表2-33 某公司2017年度工作分析实施程序

阶 段	主 要 工 作
准备阶段 (4月10日—4月20日)	1. 对现有资料进行分析研究
	2. 选择待分析的工作职位
	3. 选择工作分析的方法
	4. 设计调查用的工具
	5. 制订总体的实施方案
调查阶段 (4月21日—5月21日)	1. 召开员工大会,进行宣传动员
	2. 向员工发放调查表、工作日志表
	3. 实地访谈和现场考察
分析阶段 (5月22日—6月1日)	1. 对收集所得信息进行归纳和整理
	2. 与有关人员确认信息
	3. 编写工作说明书
完成阶段 (6月2日—6月10日)	1. 将工作分析所得结果反馈给员工和其直接主管
	2. 获取他们的反馈意见
	3. 对工作说明书的内容进行调整和修改

本书主要注重实务和操作性,所以我们在下面的内容中会重点介绍与操作相关的内容,包括工作分析的方法、工作说明书及其编制以及工作分析在人力资源管理中的应用。

第三节　工作分析操作

一、DOL 分析系统

DOL 分析系统是美国劳工部开发和使用的职位定向分析系统，它把人员分析的内容以工作描述的形式表现出来。工作描述要对各相关因素进行叙述性说明，在此基础上提炼出 6 种个人特征：教育与培训、才能、气质、兴趣、身体要求和环境条件。这个职位分析系统是工作分析系统的基础，是一个易于理解和使用的、可扩展的系统，其最大缺陷是量表比较粗糙，量化不足。

1. 教育与培训

某一特定职位对任职者应具备的一般学历教育与特殊职业培训的平均要求量。学历教育是指没有特定职业定向的一般教育（GED），这种教育开发了工作者的推理能力和继续学习的能力，使工作者掌握基础性的知识（如语言、数学等）。

GED 量表包含三个变量：推理、数学、语言，每一变量又分成 6 个水平。例如，在表 2-34 中，揉面师工作的 GED 得分为 2。GED 的得分由 3 个变量合成。

表 2-34　揉面师的工作描述

工作名称	揉面师		产业类别		面包制作		DOT 码		520-782
工作概要									
任职条件									
1. GED	1	2	3	4	5	6			
2. SVP	1	2	3	4	5	6	7	8	9
3. 才能	G3	V3	N3	S3	P3	Q4	K3	F3	M3	E4	C4
4. 气质	D	F	I	J	M	P	R	S	T	V
5. 兴趣	1a	1b	2a	2b	3a	3b	4a	4b	5a	5b
6. 身体要求	S	L	M	H	V	2	3	4	5	6

职业培训，是指在特定的工作情境下作业的资格（SVP）的平均数。职业培训包括职业教育、学徒训练、厂内培训、在职培训和从事其他相关工作的经验（不包括环境适应的学习）。SVP 将测量结果分为 9 个水平，水平 1 表示 1～30 小时，水平 9 指超过 10 年。

2. 才能

按照 DOL 分析系统，才能是指工作者具有一定的从事或学习从事某项任务的能力。DOL 分析系统共列出 11 种才能，各种才能又分为 5 个等级水平。水平 1 级是指全部人员中前 10%所具备的水平，水平 5 级表示最低 10%所具备的水平。揉面师工作所需要的才能水平为 3，属于中等。

3. 气质

气质是指与不同的工作环境和要求相适应的个体特征。气质的描述是工作场所对行为要求的体现。DOL 分析系统给出了 10 种气质描述，例如，揉面师的气质中有"M"和"T"。"M"是指与概括、评价和数量决策相适应的个性特征，"T"是指与限制、容忍与标准等严格要求相适应的个性特征等。

4. 兴趣

兴趣是指个体对某种类型的工作活动或经验选择的内在倾向，同时具有排斥与之相反的活动或经验的倾向性。DOL 分析系统列出 5 对兴趣因素，在每对因素中，选择某一方面的同时就意味着对另一方面的排斥，揉面师的工作相关兴趣分别为 1a、4b 和 5b，分别对应倾向于与事和物打交道的活动、倾向于与过程、机械、技术有关的活动、倾向于能预测结果和成效的工作。

5. 身体要求

身体要求是指工作对身体的要求及工作者必备的身体能力要求。DOL 分析系统包含 6 种身体要求，如对身体要求的繁重程度（轻、较轻、中等、重、很重）以及对体力、感官等的要求。

6. 环境条件

在 DOL 分析系统中，环境条件与身体要求联系在一起。DOL 分析系统起到的作用主要表现在以下 3 个方面。

（1）作为工作分析的基础系统，DOL 分析系统被美国劳工部应用于指导美国地方各级政府的工作分析实践，产生了极大的影响。

（2）DOL 分析系统是易于理解和使用的可扩展系统，系统的开发者率先提出绝大多数的与工作相关的信息结构要求，并证实了这些内容的有效性。

（3）DOL 分析系统所提供的工作分析思路、方法与细节，对其他工作分析系统的理解和开发产生重大帮助。

DOL 分析系统也存在局限性，主要表现在以下 2 个方面。

（1）DOL 分析系统的量表相对比较粗糙，在具体评价时，容易造成术语的混淆。

（2）DOL 分析系统在量化方面的开发不足，使得该方法所得到的信息的客观性和真实性受到较大的影响，也影响了该方法的普及和推广应用。

二、HSMS 系统

（一）HSMS 系统的概念

医疗人员分析系统（以下简称 HSMS 系统）是通过一系列的规则、准则来确定任务所需技能水平的操作流程系统，并采用现成的量表来认定各项任务所需的技能。HSMS 系统分别对知识、技能进行了界定：知识即细节信息、事实、概念和理论，这些理论是特定学科或领域信息的一部分，阐述事物的功能及如何运用这些功能；技能是指一种可传授的行为特征，个体为完成某项任务而进行智力或体力活动时会显露出这种特征。

（二）HSMS 系统的一般规则

（1）任务中的所有要素，包括任务中各个阶段和其中的事务，都应作为量化工作的一部分。

（2）在量化每个项目之前，分析者要充分考虑可能出现的最小量化值，使每个项目在零以上都能得到相应的量化。

（3）对于一定技能而言，任务的量化要确定任务和要素所要达到的最高值，这个量化值要根据完成该任务可以达到的水平以及可接受的标准来确定，而不是根据一般的、通用的或高水平的作业结果来确定。

（三）HSMS 系统的评价系统

HSMS 系统借助其他方法所做的任务描述来提炼任务所需的技能，尤其是界定了特定任务所要求的具体素质。甚至在技能的定义中，所关注的对象也是工作者应具备的行为的类型与水准，而不是寻求抽象的人的特质。表 2-35 列举了该分析系统针对"钡餐透视的结果——非小儿科类"这一任务的量化数据卡。

表 2-35 针对"钡餐透视的结果——非小儿科类"这一任务的量化数据卡

任务名称：钡餐透视的结果——非小儿科类																		任务号：3
分析机构																	分析者	
测量项目	固定恰当的量表值																	
	0	1	1.5	2	2.5	3	3.5	4	4.5	5	5.5	6	6.5	7	7.5	8	8.5	9
频率	0	1		2		3		4				6		7		8		9
活动量	0		1.5				3.5			5				7				9
对象把握	0		1.5							5					7.5			9
指导	0		1.5			3					5.5			7				9
交往	0	1				3				5				7				9
领导	0	1				3		4					6.5				8.5	

续表

测量项目	固定恰当的量表值																	
	0	1	1.5	2	2.5	3	3.5	4	4.5	5	5.5	6	6.5	7	7.5	8	8.5	9
口头表述	0			2											7.5			9
阅读	0			2						5				7				9
书面表达	0			2						5			6.5	7				9
决策：方法	0		1.5			3			4.5					7		9		
决策：质量	0		1.5	2			3.5				5.5							9
图像的辨认	0	1					3.5				5.5			7				9
符号的辨认	0		1.5				3.5			5								9
分类	0			2							5.5							9
关联的	0	1		2				4		5						8		9
错误：与财务有关的错误例子	0	1						4				6			7.5			9
错误：与人际交往有关的错误例子		0	1		2						5.5			7		8		9

（四）HSMS 系统的局限性

HSMS 系统对工作者素质的描述，能更好地经受实际工作的考验，同时也在平等就业机会方面获得了好评。但在人力资源管理的应用中，仍然存在不足之处，主要表现在两个方面：一是在该系统下，技能需求的界定完全依赖于对任务的描述过程，对那些机械性的 HSMS 人员分析者，必须首先按系统的要求来定义任务；二是该系统中的技能在很大程度上是与医疗保健相关的，所以对其他产业领域的分析缺乏普遍意义。

三、ARS 分析系统

（一）ARS 分析系统的概念

ARS 分析系统的研究对象是比工作技能更为复杂的能力。ARS 分析系统将能力定义为与人们完成各式各样的任务所进行的活动直接相关的综合素质，它是根据个体在一定的持续反应中所推断出的个体综合素质，能力的发展受学习和遗传因素的影响。个体在某一任务上的技能或专业水平的发展，在某种程度上可以根据其所具备的相关基本能力的高低进行预测。

(二)ARS 分析系统的分析量表和分析方法

ARS 分析系统提出了一份人员能力表和一系列确定人员能力水平的方法。ARS 分析系统提出的能力包括 37 项,分为职能、体能、心理动能和对感知的处理能力 4 类。ARS 分析系统提出的分析方法有两种:一种是使用量表;另一种是使用流程图。表 2-36 列举了 ARS 分析系统的两种能力量表。

表 2-36 ARS 分析系统的两种能力量表

能力-任务项目	平 均 值	标 准 差
1. 语言理解		
理解导航图	6.28	0.75
理解某种游戏的说明	3.48	1.09
理解麦当劳汉堡广告	1.17	0.6
2. 身体力量		
举起货箱盖	6.15	1.26
推开一扇柴门	3.3	1.1
举起饭厅的一把椅子	1.48	0.7

使用流程图的方法,需要职位分析者通过回答一系列是非问题,从而确定某种能力是否存在,然后再使用评定量表来测定所需能力的等级或程度。流程图和量表的组合运用可以提高分析结果的效度,减少由于偏见造成的错误。

(三)ARS 分析系统评价

ARS 分析系统通过对能力的界定以及量表与流程图两种方法的应用,很好地为工作分析的开展提供了思路和技术,其优点表现在覆盖面大、设计先进,它对任务能力的分析研究已经得到了验证,从而成为比较流行的量化方法。同时,量化法和流程图大大简化了人员分析工作。然而,能力分析量表虽然内涵丰富但并不完备,特别是忽略了管理者在复杂决策中的能力要素。

四、弗莱希曼工作分析系统

弗莱希曼工作分析系统专门分析工作对人的能力提出的要求,是一种针对工作者的特点要求的工作分析技术,这一系统是建立在能力分类法基础之上的。

弗莱希曼工作分析系统把能力定义为引起个体绩效差异的持久性的个人特性。通过建立 52 种能力类别,如表 2-37 所示,充分反映与工作有关的各种能力,包括认知能力、精神运动能力、身体能力以及感觉能力。该系统能对工作的能力要求提供一个量化的全景描述,具有广泛的实用性。

表 2-37　弗莱希曼工作分析系统建立的 52 种能力

1．口头理解能力	10．数字熟练性	19．知觉速度	28．手工技巧	37．动态灵活性	46．景深视觉
2．书面理解能力	11．演绎推理能力	20．选择注意力	29．手指灵活性	38．总体身体协调性	47．闪光敏感性
3．口头表达能力	12．归纳推理能力	21．分时能力	30．手腕手指速度	39．总身体均衡性	48．听觉敏感性
4．书面表达能力	13．信息处理能力	22．控制精度	31．静态力量	40．耐力	49．听觉注意力
5．思维敏捷能力	14．范畴灵活性	23．多方面协调能力	32．爆发力	41．近距视觉	50．声音定位能力
6．创新性	15．终止速度	24．反应调整能力	33．动态力量	42．远距视觉	51．语音识别能力
7．记忆力	16．终止灵活性	25．速率控制	34．躯干力量	43．视觉色彩区分力	52．语音清晰性
8．问题敏感度	17．空间定位能力	26．反应时间	35．四肢运动速度	44．夜间视觉	
9．数学推理能力	18．目测能力	27．手臂稳定性	36．伸展灵活性	45．外围视觉	

五、O*NET 系统

O*NET（Occupational Information Network）系统是一项由美国劳工部组织开发的职位分析系统，O*NET 系统吸收了多种职位分析问卷（如 PAQ、CMQ 等）的优点，目前已经取代了职业名称词典（Dictionary of Occupational Titles，DOT），成为被广泛应用的职位分析工具。

O*NET 系统能够将工作信息和工作者特征统合在一起，不仅是工作导向的职位分析和任职者导向的职位分析的结合，考虑到组织情境、工作情境的要求，而且还能够体现职业的特定要求。在经济和市场急剧变化的现代社会，O*NET 系统是职位分析领域体现最新趋势的，能够应对新挑战的一大进步。

1．O*NET 系统的设计原则

O*NET 系统设计遵循三个原则：多重描述（Multiple Windows）、共同语言（Common Language）和职业描述的层级分类（Taxonomies and Hierarchies of Occupational Description）。O*NET 设计了多重指标系统（如工作行为、能力、技能、知识和工作情境等），不仅考虑职业需求和职业特征，而且还考虑到任职者的要求和特征。更重要的是，它还考虑到整个社会情境和组织情境的影响作用。同时该系统具有跨职位的指标描述系统，为描述不同的职位提供了共同语言，从而使得不同职业之间的比较成为可能。O*NET 运用了分类学的方法对职位信息进行分类，使职业信息能够广泛地被概括，使用者还可以根据自己的需要选择适合自己的从一般到具体不同层次的工作描述指标。

2. O*NET 系统的内容

O*NET 系统的内容主要包括：经验要求、任职者要求、工作要求、任职者特征、工作特定要求和职业特征，如图 2-8 所示。

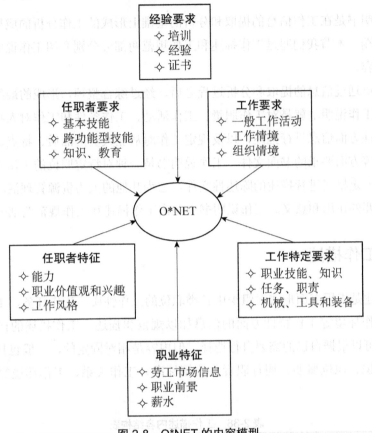

图 2-8　O*NET 的内容模型

3. O*NET 系统在研究和实践中的应用

虽然国外有学者曾对 O*NET 系统采用的数据收集方法提出一定的质疑，但 Jeanneret 和 Strong 根据 Job Component Validity（JCV）的模型，分析了 249 个职业的工作分析数据和能力倾向测验数据，发现采用 O*NET 来预测能力倾向测验（GATB）分数的效度很好，证明采用 O*NET 工作分析系统来确定人员选拔的工具是可靠的。国内也有学者运用 O*NET 系统对人力资源管理等职位进行了工作分析，发现其具有较好的信效度指标。目前，美国劳工部正在应用该系统建立美国国家职位分析信息数据库，并且定期进行更新，以适应不断变化的工作性质和内容的需要。该信息数据库收集到的信息有两个主要用途：一是将工作信息和任职者特征进行比较，得到人职匹配的资料；二是比较任职者和组织特征信息，得到员工—组织匹配的资料。因此，O*NET 不仅可以帮助求职者寻找工作，而且能够为组织选拔、招聘称职的员工提供有效资料。

第四节 工作说明书实务

工作说明书是在工作信息的提取和分析的基础上形成的工作分析的成果,是工作分析流程的终端。本节我们通过工作描述和工作规范两部分分别介绍工作说明书的相应的实务操作内容。

工作分析通过信息的提取和分析过程之后,经过综合整理,形成的最终结果就是工作说明书。工作说明书就是对工作职责、工作活动、工作条件和工作对人身安全危害程度等工作特性方面信息进行描述,以及规定工作对从业人员的品质、特点、技能和工作背景或经历等方面要求的书面文件。工作说明书是一种对特定职位的工作及其任职者的资格条件以一定格式进行描述的陈述性文件,它为其他的人力资源管理活动提供基本依据,有着重要的作用和意义。工作说明书主要由工作描述和工作规范两部分构成。

一、工作描述

工作描述是指用书面形式对组织中各类职位的工作性质、工作任务、工作职责、工作关系与工作环境等工作特性方面的信息加以规范和描述。工作描述的格式不是固定的,应用者可以根据自己的需要自行选择。但内容是相对固定的,一般包括以下几个方面:工作标识、职位概要、履行职责、业绩标准、工作关系、工作环境等,如表2-38所示。

表2-38 工作描述内容结构表

工作标识	职位编号、工作名称和职位薪点等
职位概要	
履行职责	
业绩标准	
工作关系	
工作环境	

(一)工作标识

工作标识是识别某一工作的基本要素,即区别该工作与其他的工作的基本标志,它就像个标签,能让人们对职位有个直观的印象,一般包括职位编号、工作名称和职位薪点。

1. 职位编号

职位编号主要是为了方便职位的管理，企业可以根据自己的实际情况来决定编号中应包含的信息。例如，在某个企业中，有一个职位前编号为 HR-03-06，其中 HR 表示人力资源部，03 表示主管级，06 表示人力资源部全体员工的顺序编号；再如 MS-04-TS-08，其中 MS 表示市场营销部（取 Market 和 Sales 的首字母），04 表示普通员工，TS 表示职位属于技术支持类（Technology Supported），08 表示市场销售部全体员工的顺序编号。

2. 工作名称

工作名称是指在重要职责上相同的职位的总称。好的工作名称能指出大致工作领域和工作性质（如销售经理、总会计师），能更好地将本项工作和其他工作区分开来，这是所有工作描述必备的部分。

3. 职位薪点

职位薪点是工作评价所得到的结果，反映了某一职位在企业内部的相对重要性，是确定该职位基本工资标准的基础。

（二）职位概要

职位概要是对工作内容的简单概括，通过对工作内容和工作目的进行归纳将某项工作与其他工作区分开来。职位概要一般是用动词开头来描述最主要的工作任务。并且只需包括关键的工作任务即可。同时职位概要的书写有其严格的规范：工作依据+工作行动+工作对象+工作目的。

综上所述，人力资源管理部经理的职位概要可以这样描述：根据公司的战略，制定、实施公司的人力资源方案和年度规划，主持、完善人力资源管理制度以及相关政策，指导解决公司人力资源管理中存在的问题，努力提高员工的绩效水平和工作满意度，塑造一支爱岗敬业、团结协作的员工队伍，为实现公司的经营目标和战略意图提供人力资源支持。而公司前台的职位概要则要这样描述：承担公司前台服务工作，接待安排客户的来电、来访，负责员工午餐餐券以及报纸杂志的发放和管理等行政服务工作，维护公司的良好形象。

美国劳工部出版的职位概要是与职能工作分析系统（FJA）相联系的。它在资料、人、事物的框架中表明工作是什么（What）、为什么要做（Why）。概要中使用的措辞便于我们掌握工作人员与三种工作职能（资料、人、事物）之间的联系。

美国图书馆文献的职位概要不仅包括对工作目标的描述和监督管理的类型，还包括任职者在完成任务中的有效自由度水平。其工作描述模仿了美国人事管理办公室的因素评价系统（FES）。

（三）履行职责

履行职责实际上是职责分解的过程，就是将职位概要进行具体细化，描述这一职位承担的职责以及每项职责的主要任务和活动。首先要将职位所有的工作活动划分为几项主要职责，然后再将每项职责进一步地细分，分解为不同的任务，这一过程可以用图2-9来说明。

图 2-9　职责分解的过程

1. 职责描述用语的注意事项

将工作分解完后，需要对每项任务用一句话或者一些词组进行描述。描述时的注意事项有以下几方面。

（1）职责描述经常是用动词开头，一般按照"动词+宾语+目的状语"的格式进行描述。其中，动词表明这项任务是怎么进行的；宾语表明任务的对象；目的状语表明了这项任务要取得什么样的结果。如"监督和控制部门年度预算，以保证符合业务计划要求"。

（2）要准确使用动词。动词的使用关键是要能够准确地表示出员工如何进行该项任务，以及在这项任务上的权限，不能过于笼统。例如，国内大多数企业在编写工作说明书时常用这样的语句："负责公司的预算工作……""负责公司的培训工作……"虽然也是使用的动词短语，但是"负责"的概念太模糊，根本不知道具体职责是什么。

表2-39根据不同的任务对象和主体对使用的动词简单进行了归纳。

表 2-39　动词归纳表

对象和主体	动　　词
计划、制度	编制、制订、拟订、起草、审定、审查、转呈、转交、提交、呈报、存档、提出意见
信息、资料	调查、收集、整理、分析、归纳、总结、提供、汇报、通知、发布、维护、管理
思考行为	研究、分析、评估、发展、建议、参与、推荐、计划
直接行动	组织、实行、执行、指导、控制、采用、生产、参与、提供、协助
上级行为	主持、组织、指导、协调、指示、监督、控制、牵头、审批、审定、批准
下级行为	核对、收集、获得、提交、制作
其他	维持、保持、建立、开发、准备、处理、翻译、操作、保证、预防、解决

在动词的使用上还要注意，尽量用专业术语，这样表达得更精准。履行职责动词使用示例如表 2-40 所示。

表 2-40　履行职责动词使用示例

职　责	任　务
设备保养	● 根据保养时间要求更换零部件以及添加润滑剂 ● 保存对机器设备所做的所有保养记录 ● 定期检查机器设备上的量器和负荷指示器，以发现可能表明设备出现问题的不正常现象 ● 根据要求完成非常规保养任务 ● 承担对执行维护任务的操作工进行有限的监督和培训任务
设备修理	● 对设备进行检查并提出报废或者修理某一部件的建议 ● 如果设备需要修理，则需要采取任何必要的措施来使该零部件恢复正常工作，其中包括使用各种手工工具和设备来对该零部件进行部分或者全部的重组，最主要的是内燃机和水压机的全面大修以及故障排除
测试与批准	● 确保所有的要求完成的保修和维修工作均已完成，并且必须是按照设备生产商所提供的说明书来进行保养和维修 ● 批准或否决某设备已经达到在某工作中被使用的条件
库存保持	● 保持设备保养和维修所需要的库存零部件 ● 以最低成本采购令人满意的零部件
其他职责	● 上级分配的其他临时工作

2. 职责的排列顺序问题

若某个职位是由多个职责构成的，在职位描述时不能随意堆放，要按照一定的顺序来排列。排列一般应坚持以下 2 个原则。

（1）按照这些职责的内在逻辑顺序进行排列。如人力资源部培训主管的职责，按照拟订培训计划、实施培训计划、评估培训效果和总结培训经验等依次进行。

（2）按照各个职责占用的时间多少进行排列。有些职位的职责没有逻辑顺序，那么就要按照完成各项职责所占用时间的多少来排列。对各项职责占用的时间进行估计有助于衡量职位的工作量是否饱满。如果某一职位的大部分时间都分配给了非常简单的职责，那么就说明它的工作量是饱满的；相反那些本该占很多时间的职责反而只分配了很少的时间，说明这一职位的工作量有些超负荷。

（3）逻辑顺序和时间顺序相比较，在排列职责时应首先考虑逻辑顺序，如表 2-41 所示。

表 2-41　某公司人力部薪酬主管的职位职责

序号	职　责	时间/%
1	起草和实施控股子公司经营管理者年薪制管理办法，有效实现总部对控股子公司经营者的激励和约束	15
2	起草公司系统工资制度及工资总额挂钩考核办法，核定控股子公司的工资计划，从宏观调控方面加强对工资总额的控制，降低企业成本	15
3	起草并执行总部薪酬管理制度，以实现总部劳资待遇管理的有序化和规范化	35
4	审核控股子公司的机构设置、定岗定编，规范控股子公司人员招聘的业务流程，保证新进人员素质	10
5	起草并实施劳动合同管理办法，以规范劳动关系	10
6	审核公司劳动工资统计及保险报表和分析说明，督促保险及统计主管及时上报	10

（四）业绩标准

业绩标准也称绩效标准，是在明确界定工作职责的基础上，用以衡量每项职责完成情况的规定。它是提取职位层级的绩效考核指标的重要基础和依据，因此，在以考核为导向的职位描述中，业绩标准是其所必须包含的关键部分。

业绩标准包括每项职责的工作业绩衡量要素和衡量标准。衡量要素是指对每项职责应该从哪些方面来衡量它完成的情况；衡量标准则是这些要素必须达到的最低要求，这一标准可以是具体数字，也可以是百分比。例如，销售经理这一职位，工作完成的好坏主要看销售收入和销售成本，因此这两者就属于衡量要素；收入要达到多少，成本控制在多少，就属于衡量标准的范畴。

表 2-42 为某公司设计项目组设计师业绩标准示例。

表 2-42　某公司设计项目组设计师业绩标准示例

职责范围	建议考核内容	占用时间/%
1. 现场调研：认真及时地完成设计项目的勘测、调研工作；收集有关资料，制订设计方案为设计工作奠定基础	勘测数据准确无误，出错率是 0	25
2. 工程设计：严格执行国家有关勘察、设计项目的法规、规范；按时、按质完成上级领导下达的各项设计任务	设计产品的合格率为 100%，优良率为 80% 以上，项目实施进度履约率达到 100%	55
3. 现场服务：配合客户做好施工现场的服务工作，并在完工后进行回访	客户满意度综合评价在 4 分以上	20

（五）工作关系

工作关系表明了组织中的权利链，包含两部分：一是职位在组织中的位置；二是任职者与组织内外其他部门或人员之间的联系。

首先，职位在组织中的位置经常用组织结构图来表示。如招聘配置专员在组织中所处的位置，如图 2-10 所示。

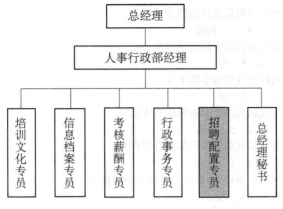

图 2-10　招聘配置专员的工作关系图

其次，任职者和组织内外其他部门或人员之间的联系主要体现在联系的对象和内容。这两个方面说明了联系的本质特征与沟通的难度，可以运用于职位评价。主要包括：监督谁，受谁监督，可晋升职位，可转换的职位以及和哪些职位发生关系等，还要列举出工作联系的频繁程度、接触的目的和重要性，如表 2-43 所示。

表 2-43　财务经理的工作关系示例

所施监督	对所属的比价员、出纳、信用管理员、统计员进行管理	
所受监督	财务总监	
职位关系	可直接升迁的职位	财务总监
	可相互转换的职位	一线经理
	可升迁至此的职位	比价员、信用管理员、统计员、出纳

（六）工作环境

工作环境是员工平时工作时所处的环境，这里主要指的是物理环境。由于在一开始的工业社会中，工作描述主要针对操作工人，所以职位分析对工作环境的关注集中在工作环境对人体的影响方面。因此，其在职位描述中的表现形式，往往是根据不同的物理环境因素对身体的影响，进行等级评定。这样的等级评定可以直接为职位评价和职业安全卫生管理提供定量化的信息。

中国人民大学劳动人事学院的孙健敏教授，在为机械制造类企业提供职位分析管理咨询服务的过程中，开发了"机械操作工的工作环境评定量表"，对于操作工人的职位描述具有重要的指导意义，如表 2-44 所示。

表 2-44 机械操作工的工作环境评定量表

下列各指标按照工作环境条件的恶劣程度，从低到高分为五个等级。等级越低，工作条件越好；等级越高，工作条件越恶劣。

1. 空气：指工作时间内，岗位周边环境的空气质量。
   清新　1　2　3　4　5　污浊
2. 油污：指工作岗位和工作台面上油污的多少。
   无　1　2　3　4　5　有
3. 粉尘：指工作岗位周围空气中粉尘的多少。
   少　1　2　3　4　5　多
4. 液体：指操作时经常接触到的化学液体的有害程度。
   无害　1　2　3　4　5　有害
5. 气体：指操作时经常接触到的化学气体的有害程度。
   无害　1　2　3　4　5　有害
6. 噪音：指工作环境周围（半径 30 米内）声音大小的程度。
   小　1　2　3　4　5　大
7. 温度：指工作场所的温度是否适宜。
   适宜　1　2　3　4　5　不适宜
8. 通风：指在有烟雾或其他不良气味的工作环境中空气的流动情况。
   好　1　2　3　4　5　不好
9. 照明：指工作场所的光照程度。
   明　1　2　3　4　5　暗
10. 火花飞溅：指操作时是否有火花溅出。
    无　1　2　3　4　5　有
11. 铁屑飞溅：指操作时是否有铁屑溅出。
    无　1　2　3　4　5　有
12. 电弧光：指操作时是否产生电弧光。
    无　1　2　3　4　5　有
13. 地面清洁：指工作岗位所在地面的清洁程度。
    洁　1　2　3　4　5　脏
14. 设备清洁：指操作时所用的设备、模具、夹具、工具、量具、辅具的清洁度。
    洁　1　2　3　4　5　脏
15. 警觉程度：指在操作中是否需要随时注意周围所发生的一切。
    小　1　2　3　4　5　大
16. 危险程度：指由于操作不慎给操作人员或他人造成危险的程度。
    小　1　2　3　4　5　大
17. 紧张程度：指时间上的持续作业和上下工序间的连续作业所形成的压力。
    小　1　2　3　4　5　大

但是到了后工业化社会的今天，知识型员工在组织中所占的比例越来越大。他们的工作环境基本一样，而且条件不断改善，因此对员工身体和心理方面的影响方面主要来自于工作的压力，所以工作描述对工作压力因素的描述变得重要起来。在众多的工作压力因素中，我们主要关注工作时间的波动性、出差时间的比重、工作负荷三个方面的特征。这些特征在工作描述中都被划分为若干等级，进行等级评定，从而为职位评价直接提供信息，可参考表 2-45 的示例。

表 2-45 工作压力有关因素的等级描述示例

维度	具 体 界 定	选 择
工作时间的波动性	定时制：一个工作周期内（管理人员一般为一个月，或者更长），基本上工作量没有太大的变化，如出纳员	
	适度波动：一个工作周期内，出现以天计的工作忙闲不均的情况。如工资发放的主管，在月末比较忙，而平时工作比较简单	
	周期性：在长期的工作过程中，出现强烈的反差，如市场人员，在投标前期工作极其紧张，但是交接工程部门以后，工作相对轻松	
出差时间的比重	经常出差，占总时间的 40%以上	
	出差较为频繁，占总时间的 20%～40%	
	出差时间不多，占总时间的 10%～20%	
	很少出差，占总时间的 6%～10%	
	偶尔出差，占总时间的 0%～5%	
工作负荷	轻松：工作的节奏、时限自己可以掌握，没有紧迫感	
	正常：大部分时间的工作节奏、时限可以自己掌握，有时比较紧张，但持续时间不长，一般没有加班情况	
	满负荷：工作的节奏、时限自己无法控制，明显感到紧张，出现少量加班	
	超负荷：完成每日工作须加快工作节奏，持续保持注意力的高度集中，经常感到疲劳，有经常的加班现象	

判断工作描述是否清楚明了，可以用一个简单的方法来测试：让一个从来没有接触过某职位的人去看工作描述，如果看完之后他知道自己要做什么，如何去做，那么说明这份工作描述比较好；如果得不到肯定答案，说明这份工作描述还要修改。

（七）工作描述范例

工作描述范例如表 2-46 所示。

表 2-46 某公司培训主管工作描述范例

职位名称	培训主管	所在部门	人力资源部
职位编码	HR-21	编制日期	20××年××月××日
职位概要	根据公司战略，在人力资源经理的领导下，对公司人员进行培训，丰富员工的业务知识，提高员工的工作技能		
主 要 关 系			
直接上级	人力资源经理		
直接下级	无		
内部沟通	部门内其他人员		
外部沟通	管理咨询公司、政府劳动部门和人事部门、教育机构、公司其他部门和事业部等		

续表

职 位 职 责	绩 效 标 准
1. 制度规范 （1）草拟公司的培训制度，提交经理。 （2）拟订公司的培训工作的流程，提交经理。 （3）制定新员工手册，编制企业内部培训材料。	• 制度可行、完备、有效 • 流程规范、清晰 • 培训材料适用
2. 培训活动 （1）制订新员工的入司培训计划，并具体负责实施。 （2）根据各部门和各事业部提交的培训需求，并结合公司实际拟订年度培训计划，提交经理。 （3）按照培训流程，具体实施公司通用技能的培训。 （4）负责公司中高级专业知识和技能的培训。	• 新员工及时融入公司 • 节省培训费用 • 使培训对象满意
3. 业务指导 （1）指导各部门和各事业部制订本单位的培训计划。 （2）帮助各部门处理在培训过程中出现的问题。 （3）检查各部门培训计划的实施情况。	• 使各事业部满意 • 落实完成好计划
4. 其他 （1）对各单位外出参加的培训进行审核，并备案。 （2）完成领导交办的其他工作。	• 领导满意
工 作 环 境	
经常性工作场所	总部办公室
工作设备	台式计算机
工作时间	每周五天，每天八个小时

二、工作规范

（一）工作规范概念

工作规范又称为任职资格，指的是与工作绩效高度相关的一系列人员特征，具体包括：为了完成工作并取得良好的工作绩效，任职者所需具备的知识、技能、能力以及个性特征要求。其中包括特定的技能、能力、知识要求，身体素质要求，教育背景，工作经验，个人品格与行为态度等。工作规范的独立性较强，关注的是完成工作所需要的人的特质。确定工作规范或者任职资格的方法很多，大体上分为以下几类。

（1）根据工作分析系统形成的工作规范。工作导向的工作分析系统是从工作本身的职责和任务出发，分析任职者具备什么样的条件才能完成相应的工作职责与任务，然后将这些条件与企业事先所构建好的素质清单进行对照，将素质要求的叙述转化为系统化、规范化的任职资格书写成文，这样就形成了该职位的工作规范。常用的工作分析导向工作分析系统主要包括：FJA、素质清单等，如图2-11所示。

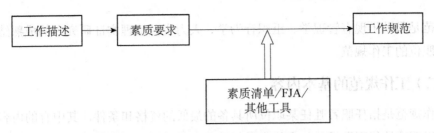

图 2-11　工作导向的工作分析系统中任职资格或者工作规范的形成过程

人员导向的工作分析系统则是以任职的人员为出发点，根据任职者的品质特征与工作要素的相互联系，通过任职者的行为去分析其产生这样的行为所具备的素质特点。然后再将这样的素质特点与事先构造的素质清单进行对照，将其转化为系统化、规范化的工作规范语言，如图 2-12 所示。

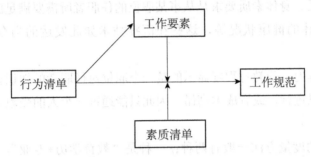

图 2-12　人员导向的工作分析系统的工作规范形成过程

（2）定量化职位分析方法推断得到的工作规范。这种方法主要依赖于定量化问卷所测得的某职位的工作维度得分，根据已经建立的各维度与素质之间的相关性，来判断该职位需要什么样的素质，如图 2-13 所示。

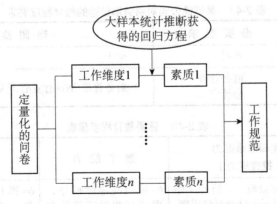

图 2-13　定量化职位分析方法得到工作规范的过程

（3）基于统计数据确定工作规范。统计数据包括两种：一种是组织实证数据；另一种是公共数据资源。基于组织实证数据确定工作规范是通过建立任职资格中的各项要素与任职者的实际工作绩效的关系，来对任职资格要素进行筛选。基于公共数据资源确定工作规范是借助于现有管理学、组织行为学、人力资源管理实证研究中的成熟结论，来判断某职位的工作规范。

（二）工作规范的基本内容

工作规范是指任职者胜任某职位所具备的最低的资格和条件，其中有的内容是外在的，可以明确地得到衡量，如身体素质、教育水平、经验、技能等，通过背景审查、资格证书评定或者工作样本抽调等方法可以进行证明或衡量，同时具有很高的准确性；而有一些条件是隐含在任职者身上的，难以测量或者测量的准确性较低，这类条件通常比较重要且与工作绩效高度相关，如心理素质、个人品质和行为态度等。

1. 外在的任职资格

（1）身体素质。身体素质要求是从事某职位的任职者所需要满足的身体条件，包括身高、体力、身体的健康状况等，这些在医疗技术如此发达的当今社会很容易得到检测。

（2）受教育程度。受教育程度显示的是一个职位对任职者的知识要求。针对知识水平的测量一般难以进行，或者成本高昂，因此只能通过一个人的受教育程度来大致了解其知识水平。

受教育程度的度量方法一般有两种：一种是"教育学历+专业"，如表2-47所示；另一种是"教育水平+职业培训"。国外的职位分析系统开发出的测量实际教育水平的量表很多，应用最为广泛的是"普通教育程度量表"，如表2-48所示。该量表根据职位对推理能力、语言能力和数学能力三个维度的要求，将教育水平划分为六个等级，每个等级又与一定的教育年限相对应。

表2-47 某钢铁公司对财务部经理的教育程度要求

项 目	必 要 要 求	理 想 要 求
教育学历	本科	硕士
专业	财务管理 会计学	财务管理/钢铁行业管理复合财务管理及金融

表2-48 普通教育程度量表

教育水平	逻辑思维能力 （推理能力）	数 学 能 力	语 言 能 力
高	6=使用抽象概念、符号（如用公式表示）以及科学原理……	6=使用高等微积分、现代代数学或统计学方法……	6=撰写文学或者技术性报告，或者监督、指导负责撰写的人……
低	1=简单按规则处理问题	1=通过加减运算进行兑换或衡量	1=理解2 500字篇幅的文章，写出简单的句子，或者按照正常规范顺序地表述

86

某公司对人力资源部经理教育程度要求示例如表 2-49 所示。

表 2-49　某公司人力资源部经理教育程度要求示例

普通教育程度——16 年以上			
具体描述	推 理 能 力	数 学 能 力	语 言 能 力
	1. 能够用逻辑或科学的方法界定概念、收集数据、确定事实，并做出有效的结论 2. 根据数据和实施分析的结果，能进行有效的演绎推理 3. 能够解释以数学或图表形式出现的技术指标	1. 具备高等数学知识和统计技术方面的知识 2. 能运用与本职业相关的属性概念，并能运用统计方法进行分析、预测 3. 能运用图纸或者其他数学方法解决问题	1. 撰写计划、报告、总结，会编审文献 2. 起草契约和合同 3. 能为各类人员提供咨询意见

（3）工作经验。工作经验分为两种：一种是社会工作经验，指的是在公司外部参加工作后的所有工作经验，如表 2-50 所示；另一种是公司内部工作经验，指的是任职者所具备的在本公司工作的经历，如某房地产开发公司市场部经理的内部工作经验要求，如表 2-51 所示。

表 2-50　某房地产开发公司市场部经理的工作经验要求示例

工作经验分类	具 体 要 求
一般工作经验	10 年以上社会工作经验
相关专业工作经验	6 年以上房地产开发公司或 8 年以上建筑公司工作经验
专业工作经验	4 年以上房地产市场策划或 5 年以上房地产销售工作经验
管理工作经验	3 年以上担任中等规模企业部门副职工作经验

表 2-51　某房地产开发公司市场部经理的内部工作经验要求

工作经验	时　间	最高职位等级
项目部	5 个以上项目	市场策划部或销售部经理或大型项目部项目经理
市场策划部	3 年以上	
销售部	2 年以上	

（4）工作技能。工作技能包括通用技能和专业技能，是指对与工作相关的工具、技术和方法的运用能力。不同的职位对工作技能的要求有很大的差异，但在职位说明书中，为了便于对不同职位的技能要求进行比较，往往只关注少数几项通用的技能，包括计算机技能、外语技能与公文处理技能，如表 2-52 所示。

表 2-52　某公司办公室主任的工作技能要求

通用技能	具体要求
计算机技能	能运用网络和办公软件，顺利完成各项文件的编制、管理，进行工作的相关信息的收集、整理、邮件的收发等
外语技能	能阅读工作相关资料，进行简单的沟通
公文处理技能	能准确有效地完成工作计划、总结以及相关文件的编制、修改

（5）职业培训。职业培训主要分为两种：一种是以工作评价和薪酬为导向的培训，这类培训主要指从新手到熟练的任职者之间的岗前培训时间和工作熟悉期，一般来说相对时间较长，并且培训时间根据职位的要求来决定，职位的要求越高、胜任难度越大，相应的职位的报酬水平也应该越高；另一种是以人力资源开发为导向的培训，主要指为满足职位需求、提高任职者的工作效率和水平而进行的培训，根据培训需求确定培训的内容、方式和时间长短。这种培训以企业整体的培训体系设计为依托，以整个企业的培训开发的政策、制度和模块为基础。

现代企业的培训体系，一般可以按照职位层级的不同要求，归纳为三个不同的层次：针对中下层基础岗位的职位知识与技能培训、企业的基础技术与产品知识培训；针对中层管理人员的管理技能培训；针对中高层管理人员的经营管理理念培训。因此，在确定某一职位的培训内容时，往往可以根据其所处的管理层级来确定需要什么层次的培训，并且确定该职位的培训时间、内容与方式。

某公司总经理办公室主任职业培训要求示例如表 2-53 所示。

表 2-53　某公司总经理办公室主任职业培训要求示例

培训内容	培训性质	必备时间	理想时间
薪酬设计	脱岗	7 天	两周
绩效管理	脱岗	7 天	两周
职位评价	脱岗	7 天	两周

2. 隐含的任职资格

对于隐含的任职资格，主要是确定该职位所要求任职者具备的各方面的能力要素。由于能力各要素相对比较隐蔽，不能直接得到，往往通过任职者在职位上的工作行为、工作业绩等表现出来，因此可基于企业实证数据验证来分析获得，操作过程如图 2-14 所示。

（1）企业能力模型：就是根据企业的战略和文化决定企业所需要的各种能力，从而形成能力要素库，这一要素库将成为后面对各职位簇和具体职位能力要素选取的基础。企业的整体能力模型的构建，可以通过修改成熟的能力模型和自主开发自己的模型两种

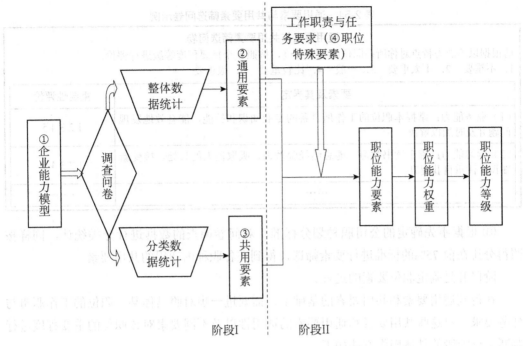

图 2-14 得到隐含任职资格的操作过程

方式完成。目前比较成熟的能力模型有合益咨询公司的冰山素质模型、美国 DOT 系统中的 GATB 能力倾向模型。

（2）通用要素：公司所有职位的任职者都必须具备的能力要素。

（3）共用要素：公司某一职种（或职簇）的职位任职者都必须具备的能力要素，但又不包括在通用要素之中。

（4）特殊要素：公司的某个职位的任职者所必须具备的个性化的能力要素，并且不包括在通用要素和共用要素之中。

我们看到图 2-14 中虚线将整个过程分成了两段。阶段 I 是以构建的企业能力模型为基础，通过调查问卷和统计分析，得到一个由通用要素和共用要素组成的一个要素体系。

阶段 I 的操作步骤如下。

① 采用"要素筛选问卷"，对公司所有职位的任职者进行调查，请各职位的任职者对能力要素模型中各要素对本职位获取优良绩效的重要性进行评价。

通用要素与共用要素筛选问卷示例如表 2-54 所示。

② 通过对问卷调查的所有样本进行数据统计分析，选取平均得分排在前 75% 的要素或者选取超过一定分数线（如 4 分以上）的要素，得到适用于公司各层各类职位的通用要素，这些要素对公司的绝大部分职位都具有重要意义。

表 2-54 通用要素与共用要素筛选问卷示例

通用要素与共用要素筛选问卷 请根据以下能力特点对你所在职位的重要程度，按照 5 个重要程度等级进行评价。 1. 不重要 2. 不太重要 3. 一般 4. 比较重要 5. 很重要	
要素及其界定	重要性评价
（1）业务能力：掌握本职位的工作所具备的专业知识和技能，能有效地发现问题并及时加以解决	1 2 3 4 5
（2）学习能力：善于读书学习，能总结经验教训，吸取他人的长处，接受新知识，注重自我提升	1 2 3 4 5
……	……

③ 根据事先确定的公司职种划分标准，对问卷调查的数据进行分类统计，同样按照得分排在前 75% 的标准进行要素筛选，得到在各职种内通用的共用要素。

阶段Ⅱ是确定职位要素的过程。

在得到通用要素和共用要素的基础上，需要进一步对照具体某一职位的工作职责与任务要求，对这些共用要素和通用要素的适用性以及不同要素对该职位的重要程度进行判断。该阶段的具体操作方法如下。

① 评定的主体：结合 SMES 的思路来展开，即由与该职位相关的主要人员共同对这些要素的重要性进行评定，并且针对不同的评定人的观点采用不同的权重。

② 评定的尺度：根据不同要素对于每一项工作职责的重要程度来进行评定。该方法常要求评定者标明对每一项职责最为重要的三项能力要素，并分别赋予 3 分、2 分和 1 分。

③ 计算办法：

$$\text{要素得分} = \sum \text{该要素在各项职责上的得分} \times \text{该职责的重要程度}$$

$$\text{要素权重} = \frac{\text{要素得分}}{\sum \text{所有要素得分总和}}$$

（5）能力要素的等级界定。仅仅分析得到各个职位的能力要素还完全不够，因为即使不同的职位需要任职者具备的能力要素是相同的，但是不同的职位对任职者所具备的某一种能力要素的要求程度，或者说等级是不同的。常用的三种界定能力要素等级的方法如表 2-55 所示。

表 2-55 能力要素等级的界定方法

名　称	解　释	示　例	优　点	缺　点
人群百分位法	在具体使用时，将被试者的得分与常模进行比较，得到被试者在常模人群中的位置，从而判定其是否达到该职位的要求	1. 代表最高的 10% 2. 代表较高的 1/3，但不包括最高的 10% 3. 代表中间的 1/3 4. 代表较低的 1/3，但不包括最低的 10% 5. 代表最低的 10%	能够较为准确地实现被试者之间的等级比较	需要依赖于事先构建好的大样本常模，因而通用性较差，构建成本很高；不具有行为引导性

续表

名称	解释	示例	优点	缺点
等级行为描述法	指依据具体的、可观察能力要素的各等级进行界定。在具体使用时，将以不同等级的行为描述为标准，对被试者进行访谈与行为观察，并将访谈与观察到的被试者的行为特点与各等级的标准进行比较，找到与被试者最为接近的能力等级	无	具有较强的客观性，并能够引导任职者进行行为改进	往往难以实现标准与现状的吻合，并容易出现等级描述的前后矛盾；构建成本较高
利克特量表法	利克特量表法一般采用5等级或7等级量表，数值越高表示等级越高，并且等级与等级之间所表示的能力要求的程度具有等差的特征	5、4、3、2、1分别对应很强、较强、一般、较弱、弱；7、6、5、4、3、2、1分别对应很强、较强、强、一般、弱、较弱、很弱	简单易行，成本较低	等级评定的主观性太强，难以把握标准；不具有行为引导性

三、工作说明书范例

工作说明书范例如表 2-56 和表 2-57 所示。

表 2-56　某公司总经理办公室主任工作说明书

单位：	职位名称：总经理办公室主任		编制日期：20××年××月××日	
部门：总经理办公室	任职人：		任职人签字：	
	直接主管：总经理		直接主管签字：	
	直接下属：（　）人		间接下属：（　）人	
职位编号：	说明书编号：		批准日期：	
职位概要： 协助总经理工作，与各总监、各职能部门及政府有关部门进行沟通，把各部门的工作紧密结合起来，确保公司的正常工作秩序和年度经营目标的实现				
责任范围	汇报责任	直接上报____人		间接上报____人
	督导责任	直接督导____人		间接督导____人
	培训责任	培训下属		现场指导下属的文案管理、会务安排等行政工作
		专业培训		定期举行行政管理、文秘管理等相关培训，提高下属的工作能力和水平
	成本责任	通信费、接待费		根据公司相关管理规定
		计算机安全		维护办公计算机安全，保证文件的安全
		办公用品设备		对办公用品的采购和使用负有责任

续表

责任范围	奖惩责任	对下属成员的工作情况、表现情况负有奖惩责任
	预算责任	对部门费用使用情况负有预算责任
	档案管理责任	对部门文件、公文档案负有管理责任
	参会责任	负有参与总经理安排参加的相关会议的责任

权利范围	权 利 项 目	主 要 内 容
	审核权	对总经理办公室通过的决议具有审核权
	解释权	对本部门相关管理规定和文件管理要求具有解释权
	财务权	对总经理办公室相关费用的使用具有财务权
	考核权	对部门成员的业绩具有考核权
	联络权	对完成总经理交办的相应事宜具有对内对外的联络权
	接待权	对来访的客户、相关社会团体具有接待权

工 作 范 围	工 作 依 据	负责程度	建议考核标准
1. 对内协调 全面协调总经理与各总监之间的工作事务，协调总经理和各职能部门、各子公司进行联络、沟通与协调；协助其他部门组织公司的重大活动	关于公司内部管理的有关规定	全责	公司内领导和员工的满意度
2. 对外关系协调 协调公司与政府有关主管部门的关系，协调与行业有关管理机构的关系，协调公司与其他相关各企业的关系，经总经理授权代表公司出席各种外部会议	公司对外关系管理的相关规定	全责	外部单位的满意度
3. 对外接待 妥善安排接待相关单位的来访接待工作	公司对外接待的相关管理规定	全责	外部单位、公司领导的满意度
4. 会议组织管理 组织安排总经理办公室及其他各种日常会议，安排会议记录、纪要工作；对公司总部会议上的设备进行管理	公司关于会议管理的相关制度和领导要求	全责	会议开展情况及会务管理结果评价
5. 文书档案管理 组织制定公司的文件管理制度，根据管理制度制定年度文件编码；对公司各种文件进行登记、归档管理；安排公司内外各种来往文书的核稿、颁布和下发工作	公司的具体管理要求和质量体系所要求的文件管理规定	全责	文件编码、发放及时，文书档案管理完整无损，公司领导和各部门领导满意度

工作关系	内部关系	所受监督	受总经理的管理和监督
		所施监督	对总经理办公室成员工作的管理和监督
		合作关系	为完成总经理办公室的工作目标与相关部门进行合作
	外部关系		与外部来访客户、政府部门代表、行业组织的接待和协调关系

续表

沟通关系		各关系单位　　来访团体　　来访客户	
任职条件	学历/专业	本科以上/企业管理、行政管理专业	
	必备知识	专业知识：行政管理、公共关系管理、文案管理、公文管理等	
		外语要求：四级以上	
		计算机要求：全国计算机等级考试二级以上，熟练操作各种办公软件	
	工作经验	三年以上大、中型企业办公室或者行政工作经验	
	业务了解范围	熟悉企业行政管理和公共关系管理知识，全面了解公司内部工作和业务流程	
	能力、素质要求	能力项目	能力标准
		组织能力	公司各种重要会议的召集、组织和安排能力
		沟通协调能力	沟通协调相关部门和人员完成总经理交办事宜的能力
		监控能力	监督、管理下属完成部门内部事务的能力
		联络能力	对外接待能力
	职位晋升	可直接晋升的职位	副总经理
		可相互轮换的职位	总经理助理
		可晋升至此的职位	总经理办公室文员、部门经理助理
		可降级的职位	总经理办公室文员、部门经理助理

表2-57　某公司人事行政部经理职位说明书

一、基本信息

职位名称	人事行政部经理	所在部门	人事行政部
目前任职者		职位等级	
工作代码		工作分析员	
分析时间	2009年6月	有效期	2年

二、职位目的

根据公司发展战略和经营计划，进行人力资源发展规划，组织制定和推行人力资源管理政策，以保证公司拥有良好的用人环境，使公司的人力资源价值得到很好的实现

三、职位位置

```
              总经理
                │
           人事行政部经理
    ┌──────┬──────┬──────┬──────┬──────┐
  培训   信息   考核   行政   招聘   总经理
  文化   档案   薪酬   事务   配置   秘书
  专员   专员   专员   专员   专员
```

续表

四、工作联系		
联系对象（部门或单位）		联系主要内容
与公司总部各部门	发展规划部、财务部	研讨和解决日常事务
	总公司各业务部门	商讨关键岗位人员的配置、落实培训计划、商讨考核指标和办法
与子公司	物业、热力公司	商讨关键岗位人员的配置、落实培训计划、商讨考核指标和办法
与公司外部单位	劳动、人事局	人才索取
	外部咨询、培训机构	确定培训、咨询事宜

五、职位职责

1. 制定公司人力资源管理、行政管理政策与制度
2. 制定公司3~5年人力资源战略与规划方案
3. 指导协助各高级专员和专员制定公司薪酬福利、考核、招聘、培训、人力资源开发制度，监督指导各部门、子公司执行
4. 指导、监督、考核下属各高级专员和专员的工作
5. 组织对各部门员工、子公司主管以上员工进行考核，对其提供技术支持与指导
6. 处理公司员工在考核、薪酬福利方面的争议申诉
7. 根据项目部需要，为各项目部派驻行政管理专员，对其工作进行指导
8. 进行公司的对外接待、外部关系的维护沟通与协调
9. 建设与维护公司的企业文化

六、工作特征

维　度	具　体　界　定	选　择
工作时间	定时制：一个工作周期内（管理人员一般为一个月，或者更长），基本上工作量没有太大的变化，如出纳员	
	适度波动：一个工作周期内，出现以天计的工作忙闲不均的情况。如工资发放的主管，在月末比较忙，而平时工作比较闲	
	周期性：在长期的工作过程中，出现强烈的反差，如市场人员，在投标前期工作极其紧张，但是交接工程部门以后，相对轻松	√
工作负荷	轻松：工作的节奏、时限自己可以掌握，没有紧迫感	
	正常：大部分时间的工作节奏、时限可以自己掌握，有时比较紧张，但持续时间不长，一般没有加班情况	
	满负荷：工作的节奏、时限自己无法控制，明显感到紧张，出现少量加班	√
	超负荷：完成每日工作须加快工作节奏，持续保持注意力的高度集中，经常感到疲劳，有经常的加班现象	
出差	占总时间的10%（写百分比）	

续表

七、任职资格					
(一)学历-工作经验替代表					
工作经验	中专以下	中专、高中	大专	本科	硕士
应届毕业					
1年					
2年					
3年					
4年					
5年					
6年					

学习专业	管理类
资格证书	无

(二)专业培训

培训内容	培训方式	每年的计划时间
人力资源管理	长期脱产培训	每年一期
非财务人员财务管理	短期集中培训	每年两期
市场营销	短期集中培训	每年两期

(三)工作技能

维度	表述	选择
外语能力	不需要	
	国家英语四级，能读写简单的英语文章	√
	国家英语六级，能进行简单的英语交流，看懂专业文章	
公文处理能力	熟悉一般公文写作格式，符合行文要求	
	能抓住要点，并加以归纳整理	
	具有很强的文字表达能力，言简意赅，行文流畅	√
计算机	熟练使用办公室工作软件	√
	熟练使用本专业专业软件	
	能针对需求编程	

(四)能力与素质

素质或能力项目	等 级
(1)业务能力：掌握本职位的工作所具备的专业知识和技能，能有效地发现问题并及时加以解决	1 2 3 <u>4</u> 5
(2)学习能力：善于读书学习，能总结经验教训，吸取他人的长处，接受新知识，注重自我提升	1 2 <u>3</u> 4 5

续表

(3) 创新能力：在工作中不断提出新设想、新方案，改进工作方式和方法，开拓新局面的能力	1 2 <u>3</u> 4 5
(4) 协调能力：与人融洽相处，在人际交往中随和大度，能坚持立场，有效化解冲突，与上司、下属、客户保持友好关系	1 2 3 <u>4</u> 5
(5) 沟通能力：通过口头语言准确、简洁地表达自己的思想和感情，根据表述内容和沟通对象的特点采取适当表达方式和技巧的能力，在人际交往的情境中，能通过各种途径和线索准确地把握和理解对方的意图，抓住关键信息，做出恰当反应的能力，使别人接纳自己的意见和建议	1 2 3 <u>4</u> 5
(6) 公关能力：采取恰当的方式与媒体、政府部门及公众沟通，以达到预订的目标	1 2 3 <u>4</u> 5
(7) 适应性：能根据不同的环境和条件及时调整自己的心态和工作方法，在新的自然和人文环境下能很快胜任工作，采取相应的应变措施	1 2 <u>3</u> 4 5

第五节　工作评价实务

一、工作评价概述

（一）工作评价的定义

工作评价（Job Evaluation）是工作分析功能循序提升的关键环节，关于工作评价的定义很多，如表 2-58 所示。

表 2-58　工作评价的定义

专　家	定　义　描　述
戴斯勒	工作评价的目的在于判定一个岗位的相对价值。它包括为确定一个岗位相对于其他岗位的价值所做的正式、系统的比较，并最终确定该岗位的工资或薪水等级
米尔科维奇和纽曼	工作评价是一个为组织制定岗位结构而系统地确定各岗位相对价值的过程。这个评价是以工作内容、所需技能、对组织的价值、组织文化以及外部市场为基础的
诺伊等	工作评价是衡量某种岗位的价值的管理程序
克雷曼	工作评价是决定一项工作的价值的系统化过程
萧鸣政	工作评价是依据工作分析的结果，按照一定的标准，对工作的性质、强度、责任、复杂性及所需资格条件等关键因素的程度差异，进行综合评价的活动，是对组织各类岗位工作的抽象化、定量化与价值化的过程

综合以上定义，工作评价是指系统地对各工作的价值进行评价，从而确定各项工作相对价值及相互关系的过程。可见，工作评价是岗位相对价值的确定，是对工作内容的价值评价，最终要得到的是岗位的相对价值结构。

（二）工作评价的重要性

1. 确定了岗位间的相对价值

通过工作评价可以对岗位的责任、能力与工作环境等方面进行全面、定量的评价，不同岗位的相对价值就能确定下来，这为岗位的定位、岗位工资的确定、岗位的培训奠定了基础。

2. 公平薪酬体系的基础

当今时代，人力资源是第一资源，企业间的竞争最核心的就是人力资源的竞争。优秀的员工是否愿意继续留任，一方面取决于其他公司对其的吸引力；另一方面取决于员工对所在企业的感受。如果想获取员工对企业的好感，很重要的一点就是公平性，企业中体现公平最明显的方面就是薪酬的公平性。

一个科学的薪酬体系的核心要素包括四个方面：内部一致性、员工的贡献、外部竞争力和薪酬体系管理。目前大部分企业都侧重于薪酬的外部竞争力上，而对于薪酬的内部一致性却关注得较少，缺少薪酬的内部一致性，就缺少内部公平，所以目前人力资源管理工作中不可或缺的部分就是建立内部价值一致的薪酬体系。科学的岗位价值分析为薪酬的制定提供了一个具有经济哲学基础的制定标准。根据经济学原理我们可以知道，脱离岗位价值的薪酬会使得企业的效率不能达到最优化，只有符合岗位价值的薪酬才能促使员工将岗位的工作完成好。

3. 明确员工职业生涯发展通道

岗位分析确定了工作等级，员工职业生涯的发展通道实际上就是岗位价值不断递增的通道。工作等级的明确，可以使员工清楚地了解到组织内部的晋升渠道。

工作评价在薪酬体系设计中的作用如图 2-15 所示。

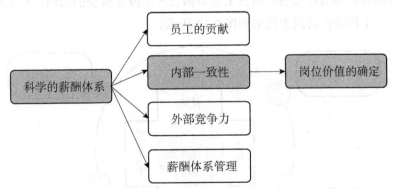

图 2-15　工作评价在薪酬体系设计中的作用

（三）工作分析、工作评价与薪酬确定

工作分析是指对工作的内容和有关的各个因素进行系统而全面的描述和研究的过

程。它是各类管理工作的基础,为它们提供了一系列关于工作的信息,如工作内容、工作责任人、工作地点、工作时间、工作方式和工作理由等。

工作分析有助于实现工作评价的科学化、标准化。工作评价所依据的评价要素、评价指标及评价标准都需要依据工作分析的结果来确定。选择哪些能反映岗位特点、性质的要素,用什么样的指标来体现这些要素,从而使得能通过这些要素和指标,全面、客观地满足工作评价的目的和要求,这些都要求在工作分析的基础上,基于对工作分析过程中收集到的信息和资料进行分析和处理,否则很可能会出现主观臆断和不科学的情况,评价的可靠性、科学性将受到影响。工作分析与工作评价密切相关,没有工作分析,工作评价将成为无源之水。

从工作分析、工作评价和薪酬确定这三者关系上来看,前两者是信息的收集、整理、分析和评价,是薪酬确定的基础。工作分析所确定的关于岗位的特征信息,为工作评价提供基础信息,可以衡量不同岗位的相对价值,进而得到岗位等级分层序列,从而确定薪酬标准和薪酬水平,如图2-16所示。

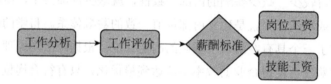

图 2-16　工作分析、工作评价与薪酬确定的关系

(四) 工作评价的因素模型

一般来说,工作评价的过程是以技能、责任、努力水平和工作条件作为评价的主要因素,这是工作评价的内围因素,对评价的结果有直接的影响。同时,组织战略、文化氛围、所处的商业环境以及整体的员工素质都会产生或多或少的影响,在工作评价时都要加以考虑,工作评价的因素模型如图2-17所示。

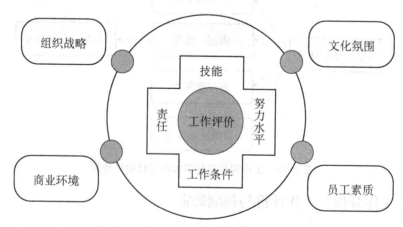

图 2-17　工作评价的因素模型

（五）工作评价的原则

1. 系统性原则

工作评价本身是一个系统，同时其与工作分析和薪酬设计一起构成另一个系统。在工作评价时要注意兼顾系统中其他要素的作用。

2. 实用性原则

在选择工作评价方法、设计体系时既要考虑其科学性、系统性、合理性和先进性，同时又要综合考虑组织的实际工作环境、文化氛围和承受能力，要选择最实用有效的方法、体系来满足组织的现实应用需要。

3. 标准化原则

工作评价的标准化指的是要对组织内的评价体系、评价方法和评价程序做出统一性规定。具体体现在评价要素选取的统一、要素分级及定义模式的统一。

4. 能级对应原则

现代科学化管理必须使具有相应才能的人得以处于相应的能级岗位，一个工作能级的大小是由它在组织中的工作性质、繁简难易程度、责任大小、任务轻重等因素所决定的。功能大的岗位，能级就高，反之就低。

5. 结果公开原则

在利用工作评价进行薪酬调整时，要先对工作评价的结果进行公开，透明化的操作有利于员工对组织战略目标和价值取向的理解和认同。

6. 战略性原则

工作评价必须要与组织战略保持一致，应当在组织战略的基础上，得出企业未来的价值取向，从而对员工行为有一个战略性的引导，使其适应组织发展的需要。

（六）工作评价的前期

1. 准备阶段

（1）清理岗位，确定待评岗位。进行工作评价前，首先要梳理公司组织结构和职位状况，确定要评价的岗位。

（2）进行工作说明书的编写和整理。如果要评价的岗位还没有进行科学的工作分析，就要通过问卷调查、资料分析和访谈等工作分析方法进行工作分析，确定各个职位的具体职责、权限、任职资格、协作关系和工作环境等。

（3）选择工作评价方法。根据组织自身的情况和不同方法的优缺点、使用条件等，选择相应的工作评价方法。在选择方法时不要过分追求量化，最重要的是适合组织自身的情况。

（4）确定评价委员会成员。评价委员会成员是直接影响工作评价结果的主体，其素质和结构对工作评价的结果有直接的影响。因而必须要求成员要有丰富的岗位经验，在员工中有一定的权威性，同时要能客观地看问题，这是对大部分成员的要求。同时为了增加委员的代表性，可以适当考虑基层员工参与评价委员会，但不宜太多。

（5）确定评价因素。评价因素因不同公司所从事的业务不同，因此评价的角度、评价的要素也不一样，所以要根据组织自身的具体情况来进行评价因素的选取。

（6）确定标杆岗位。对于大规模的工作评价，不可能对所有的岗位都进行细致评价，所以只能通过确定标杆岗位来解决。标杆岗位确定好后，其他岗位则以标杆岗位为标尺，来比照自身的价值含量。

（7）准备好评价工作的相关表单。一般来说，工作评价需要的表单有打分表、数据处理表和录入组数据表。其中打分表是所有表单的核心，如表2-59所示。

表2-59 工作评价打分表

评委编号		第×批工作评价表					
	评 估 因 素	权重	岗位1	岗位2	岗位3	岗位4	岗位5
1	责 任 因 素						
1.1	经营损失的责任	20					
1.2	领导损失的责任	10					
1.3	内部协调的责任	25					
1.4	外部协调的责任	15					
1.5	工作结果的责任	30					
2	知识技能因素						
2.1	最低学历要求	20					
2.2	工作经验	15					
2.3	语言表达能力	20					
2.4	计算机知识	45					
3	工作环境因素						
3.1	职业病	20					
3.2	工作时间特征	30					
3.3	危险性	50					

2. 培训阶段

因为评价的过程普遍比较复杂,所以一般来说在评价前要进行全面的学习和培训,以提高工作评价和职位设置思想的合理性。

(1)达成对评价指标的一致理解。在进行评价前要对评价指标进行讨论,以统一对评价指标的理解,以保障工作评价的质量。

(2)对标杆岗位进行打分。在正式打分前,主持人可以挑出一个岗位来进行评价,以确保评价委员会成员不出现理解的偏差。试打分完毕后,进行适当的总结,然后再开始对标杆岗位进行打分。

(3)总结反馈阶段。在总结反馈阶段,主要对岗位的评价得分进行排序和整理,得出工作评价的相对价值序列。同时,对工作评价的结果,最终要向专家组成员进行反馈,经一致通过后,再向全体员工进行公布。

二、工作评价方法

工作评价的发展历史并不长,工作评价的明确提出是在 19 世纪末,是泰勒科学管理理念的一个分支。工作评价的理论虽然出现得比较晚,但工作评价方法或技术的发展特别快。到 1926 年年底,关于工作评价的五种基本分析方法都开始付诸使用。这五种方法分别是排序法(Ranking Method)、分类法(Classification Method)、因素比较法(Factor Comparison Method)、要素计点法(Point Method)以及在要素计点法基础上发展而来的海氏评价法。

(一)排序法

排序法是最简单易用的方法。它是根据评价者的工作经验,对工作所承担的责任、困难程度等进行估计,然后对所有工作进行两两比较,从而对工作的重要性和相对价值做出判断,据此进行岗位的排序。

1. 排序法的分类

(1)简单排序法。

(2)交替排序法。

(3)配对比较排序法。

排序法一般分为三类,如表 2-60 所示。

表 2-60　三类排序法

排序法分类	定　义
简单排序法	根据组织成员在工作中积累的经验，通过主观判断的方法，对工作的相对价值进行排序
交替排序法	根据对岗位价值的判断，不断从原来岗位列表中选出价值最高和最低的岗位，直到全部选完
配对比较排序法	将所有要比较的工作分别列在表格的各行和列中，然后进行岗位难度的两两比较

2. 排序法的实施步骤

排序法的实施步骤如图 2-18 所示。

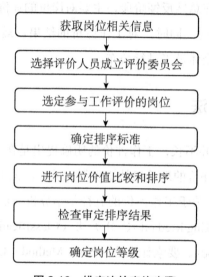

图 2-18　排序法的实施步骤

3. 排序评价中考虑的因素

一般来说，岗位排序前，评价委员会的相关人员进行评价时要注意全面考虑相关的影响因素，这样才能尽可能降低主观性对排序的影响。

排序评价中考虑的因素如表 2-61 所示。

表 2-61　排序评价中考虑的因素

责任因素	领导和管理责任
	质量责任
	产量责任
	安全责任
	成本控制责任
	看管责任

续表

	知识多样性
	工作复杂性
知识技能因素	工作的灵活性
	专业知识与技能
	管理知识与技能
	沟通能力
	工作压力
劳动强度因素	脑力辛苦程度
	工作负荷
岗位性质因素	危险性
	环境舒适性

（1）简单排序法。简单排序法的操作要点在于不断地进行两两比较，在每一轮比较中，都把较好的岗位选出来与其他的进行比较，直至把最有价值的岗位选出来，然后再在剩下的岗位中重复此操作。在每一轮中，最有价值的岗位就像水中气泡一样冒出来，所以也被人称作冒泡排序法。

具体的操作步骤如下（见图2-19）。

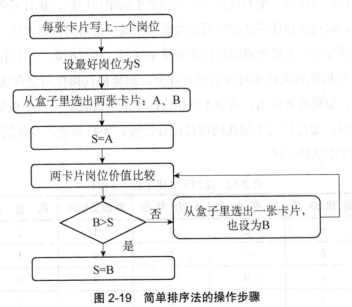

图2-19 简单排序法的操作步骤

① 将所有岗位列到卡片上，每张卡分别写一个岗位，然后把它放在A盒子里。

② 在A盒子中随意抽出两张卡片，对其岗位价值进行比较，把价值较低的卡片放到B盒子里，剩下较好的拿在手里。

③ 再从 A 盒子里抽出一张卡片，与手中的那张较好卡片进行比较，然后取出岗位价值较低的那一张放到 B 盒子里。

④ 重复第③步，直至 A 盒子里没有卡片，从而将最有价值的岗位挑选出来，完成第一轮的筛选工作。

⑤ 重复步骤第②～④步，直到所有岗位价值顺序都确定下来。

（2）交替排序法。交替排序法也叫轮流排序法，是简单排序法的进一步延伸。主要操作步骤如表 2-62 所示。

表 2-62　交替排序法的操作步骤

步　骤	做　法
1	准备两张纸，第一张纸列出所有将要进行评价的岗位，对纸上的岗位进行评价，选出价值最高的岗位，将其写到第二张纸上的第一行，然后将其在第一张纸上的名称划掉
2	在第一张纸中选出价值最低的岗位，将其写在第二张纸的最后一行，同时将其在第一张纸上的名称划掉
3	再对第一张纸剩下的岗位重复进行 1、2 步骤中的工作，选出价值最高和最低的岗位，然后将其分别写在第二张纸的第二行和倒数第二行，每选出一个就将其名称从第一张纸上划掉，依此类推，直至第一张纸上的名称全被划掉

（3）配对比较排序法。配对比较排序法相对于简单排序法，执行效率比较高；相对于交替排序法，配对比较排序法则容易清楚地判断岗位之间的价值次序。

配对比较排序法，主要通过将岗位在表格中列示，然后把第一个岗位与其余岗位进行逐一比较，并根据其岗位相对价值进行评分。如果横向岗位与竖向岗位相比价值较高，则给 2 分；如果价值相当，则给 1 分相比；如果价值较低，则给 0 分，但注意选择岗位进行比较时，要选择同个层次的岗位进行比较，如科长层、专员层等，表 2-63 给出了配对比较排序法的示例。

表 2-63　配对比较排序法（示例）

岗　位	销售专员	财务专员	人力专员	助理工程师	品　管　员	总　分
销售专员	—	2	2	1	2	7
财务专员	0	—	2	1	1	4
人力专员	0	0	—	0	0	0
助理工程师	1	1	2	—	2	6
品管员	0	1	2	0	—	3

经配对比较后，根据总分进行排序，如表 2-64 所示。

表2-64 岗位相对价值排序表

总　分	工作名称	工作相对价值次序
7	销售专员	1
6	助理工程师	2
4	财务专员	3
3	品管员	4
0	人力专员	5

（二）分类法

分类法是排序法的演变形式，又叫作归级法，它是在岗位分析基础上，采用一定的科学方法，按岗位的工作性质、特征、繁简难易程度、工作责任大小以及人员资质，对组织全岗位进行层次划分，先确定等级结构，然后再根据工作内容对工作岗位进行分类。

1. 分类法的操作步骤

分类法的操作步骤如表2-65所示。

表2-65 分类法的操作步骤

步　骤	内容描述
岗位分析	确定岗位的个数和不同岗位的工作内容，充分利用有关组织结构的资料，鉴别现行工资结构中的不均等情形
划分岗位类别	根据岗位的不同工作性质，将各职位划分为大类、中类和小类。（大类如管理类和生产类；中类如操作岗位、辅助岗位等；小类如维修工等）
建立岗位等级	根据岗位工作繁简难易程度、责任大小以及任职资格条件等因素，对同一小类中的工作划分出不同等级。一般最少分为5～7级，最多可以分为11～17级
岗位等级的描述	对职位等级在职责权限、技术要求、智力要求、脑力和体力耗费程度、需要的培训和经验、工作环境等方面做出明确的界定
岗位相对价值评价	依据岗位等级定义、岗位的相对难度、岗位的职责以及必备的知识和经验，决定每个岗位应归入哪一类工作中的哪个等级

2. 划分岗位类别

划分岗位类别主要有两种方法。

一种是按照任职者的性质和特点，对岗位进行横向分类。一般来说，企业可以将其全部职位分为生产类和管理类两个大类，然后在此基础上划分为若干中类和小类，如表2-66所示。

表 2-66 划分岗位类别 1（示例）

大类	中类	小类	工作名称
生产类	操作岗位	水泥及水泥制品工	水泥制造工、建筑预制件制作工、水泥配料工、水泥看磨工等
		石棉及石棉制品工	石棉制造工、抗高温石棉制作工、抗酸石棉制作工等
		砖瓦制品工	采土机操作工、搅拌机器操作工、挤压操作工、制坯操作工等
		其他非金属矿物制品制造工	炭粉制作工、炭棒制作工、石墨制造工、石膏制作工、滑石粉制造工等
	辅助岗位	运输工	原料运输工、半成品运输工、成品运输工等
		库工	原料仓库保管员、半成品保管员、成品保管员等
		装卸搬运工	汽车装卸搬运工、火车车皮装卸工、手推车装卸搬运工
		维修工	机械维修工、电器维修工、工具维修工、仪表维修工等
		其他辅助岗工	工具保管员、专用车辆司机
管理类	后勤服务岗位	医疗卫生	外科医生、内科医生、眼科医生、化验员、护士、门诊挂号员、病理档案员等
		物业管理	（略）
		福利设施	食堂管理员、炊事员、采购员等
	工程技术	设计	产品研究、产品设计、标准化等技术岗位
		工艺	工装设计、机加工工艺、热加工工艺等技术岗位
		检测	计量、材料检测、产品质量检验等技术岗位
		试制	新产品试制、实验检验等技术岗位
	企业管理	综合	计划、统计、信息中心、政策研究、企业管理、经济活动分析等管理岗位
		工业工程	安全技术、工厂规划、劳动定额等管理岗位
		人力资源	工资、调配、福利、保险、组织等管理岗位
		销售	经营、市场推销、售后服务、物价等管理岗位
		行政	文书档案、安全保卫、消防涉外管理等主管级岗位
		财务	会计、审计、经济核算等管理岗位
	其他岗位	教育培训	技工学校老师、培训中心老师、教务主管等
		图书资料	图书室、资料、复制等

资料来源：安鸿章. 工作岗位研究原理与应用. 2 版. 北京：中国劳动社会保障出版社，2005.

另一种是在横向分类的基础上，对性质相同的一个小类岗位，按其工作难易繁简程度、责任大小以及上岗人员所需具备的资格条件等因素进行评价，根据评比的结果，将所有岗位划分为若干岗级，如表 2-67 所示。

表 2-67 划分岗位类别 2（示例）

岗　级	厂内对应的工种岗位
五岗	皮革主设计；机裁面料、底料；手工绷楦；机绷前尖；混炼压胶工，再生革配料工（化工）；生产供气锅炉工；球模具设计
四岗	皮鞋一般设计；成品检验员；厂内外技术指导；硫化鞋底操作工；内线机操作工；验楦工；鞋模压机操作；球硫化操作工，球裁布工；汽车修理工；加璜压胶、裁胶；鞋面料、底料；球料配料；鞋裁布里；汽车司机；设备科机械加工（包括车、钳、铣、刨、磨、电焊、锻、管工）；工艺员；检验员；描图资料管理员；气泵工；仪表修理工；鞋自刷、自扣底操作工；再生革小片压型；再生革刷网工；食堂主炊事员；分厂仿皮大片磨面工
三岗	四、五岗除外的其他生产岗位；样板制作；半成品检验；定活加工人员；车间修鞋工；各车间机器维修；叉车电瓶车司机；食堂炊事员；托儿所保育员；材料库、成品库保管员；化验员，外勤人员（联系业务、采购推销等工人）；生活用气司炉工；瓦工、木工、油工；劳动服务公司碎料工人；行政煤柴工；设备料备件库、工具室保管员（账目管理）
二岗	车间收发人员；分活、送活、送料（推车、电梯、送料）人员；称胶、拉胶人员；挑拣碎料人员；粘配工；再生革码片工；水质化验员；车队装卸工；食堂辅助人员；售货员；库工；行政辅助人员（茶炉工、厕所清洁工、花卉和浴池设备管理员）；警卫；托儿所一般人员；基建壮工；长期借出的人防、联防人员；技术资料管理员；设备科备件库、工具室收发工人
一岗	车间扫地人员；卫生管理人员；看仓库（角门）人员；再生革看干燥室人员；看煤场人员；宿舍门卫人员；看浴池人员

资料来源：安鸿章. 工作岗位研究原理与应用. 2 版. 北京：中国劳动社会保障出版社，2005.

3. 岗位等级建立与描述

在岗位类别的横向划分之后，根据工作繁简难易程度、责任大小及任职资格条件等因素对每个小类进行等级的划分。表 2-68 是某组织的岗位级别体系的部分内容。

表 2-68 某组织的岗位级别体系

等　级	等级描述
1	例行事务；按照既定的程序和规章工作；处在主管人员直接监控之下；不带有技术色彩
2	需要一定独立判断能力的职位；具有初级技术水平；需要一定的经验；需要主管人员的监督
3	中等复杂程度的工作；根据既定的政策、程序和技术能独立思考；需要接受专业训练并具备一定的经验；无须他人监督
4	复杂工作；独立做出决策；监督他人工作；需要接受高级的专业训练；具备较丰富的经验

4. 分类法的优缺点

从分类法的实施可以看到，分类法主要适用于大型组织对大量的岗位进行评估的情形。其优缺点如表 2-69 所示。

表 2-69　分类法的优缺点

优 缺 点	内 容 描 述
优点	简单易行且容易理解，不需要太多技术支持
	灵活性强，在组织岗位变化时，可以利用分类法对新岗位进行归类
缺点	等级定义困难，主观性大
	只是岗位的等级归类，但岗位之间的价值量化关系不明，难以与薪酬设计相对接

（三）因素比较法

因素比较法是指评估人员不用具体考虑岗位任职者的岗位职责和任职资格，而是将所有岗位的内容抽象为若干个因素，根据每个岗位对这些因素的要求不同进行比较，从而得出岗位价值的一种岗位评估方法。它是对排序法的一种改进，两者的主要区别在于排序法是从整体的角度对岗位进行比较和排序，而因素比较法则是选择多种报酬因素，再按照这些因素分别进行排序。

1. 因素比较法的操作步骤

因素比较法的具体操作步骤如表 2-70 所示。

表 2-70　因素比较法的具体操作步骤

步 骤	内 容 描 述
成立评价小组	选择对岗位比较熟悉、工作经验较多的人组成工作评价小组
收集岗位信息，确定评价因素	收集与被评价岗位相关的工作说明书、工作日志、相关制度规定，同时还可以利用访谈和现场观察等方法，掌握岗位的实际情况。在此基础上提炼能够涵盖所有岗位的评价因素（一般包括脑力、技能、体力、责任和工作条件等）
确定标杆岗位	选择能代表企业各类岗位的，并且现行薪酬体系比较合理的岗位作为标杆岗位，以此作为其他岗位价值的评判标杆（这些岗位的价值基本上不作评定）
对标杆岗位进行排序	在每一个确定的评价因素上，对标杆岗位进行排序。如对于标杆岗位 A、B、C、D，在脑力这个因素上，A 所需的脑力最多，C 所需的脑力最少，按脑力的排序为 A—D—B—C
对标杆岗位进行薪酬分解并排序	根据确定的评价要素，对每个岗位的薪酬（一般用时薪或月薪水平）进行分解，即确定每一个岗位在每个评价要素上对应的薪酬水平
确定非标杆岗位的价值	将非标杆岗位与建立起来的标杆岗位因素薪酬分配表进行比较，依次对各个因素进行判定，找到最类似的相应标杆岗位，查出相应的薪酬水平，然后将该岗位的各项因素薪酬水平加和，便得到该岗位的价值

2. 因素比较法实施案例

广东 JM 公司为了建立一个科学的薪酬体系，聘请咨询公司进行岗位价值的评价，作为确定各个岗位薪酬水平的价值依据。本次岗位价值评价主要采取因素比较法来实施，具体实施步骤如下。

1）明确工作纪律

（1）会议纪律。

严格遵守工作评价期间的作息时间。

会议期间，关闭一切与外界通信联系的设备。

服从评委会主席、主持人和会务负责人的工作安排，有问题主动联系。

评委会主席：JM 公司。

主持人：项目组咨询成员。

会务负责人：×××。

（2）工作评价。

座位：在会议室的桌子上有座位序号，请各位评委会人员打分时在某一个固定座位上入座，记住自己的序号作为自己的编号。

岗位评分严格按工作流程和规则进行，每打完一轮及时提交打分结果。

评分过程中，各评委独立打分，不得相互协商，有疑问应与主持人商讨。

评审过程及结果要保密，禁止任何人以任何方式将工作评价的中间过程、中间结果及最终结果透露给评审委员会以外的任何人员。

评价结束时，交回全部评价资料（包括评价手册）。

2）评价规则

（1）岗位评估的流程。

培训。

标杆岗位评估。

非标杆岗位评估。

（2）评估过程要求。

每一位评委将收到两份文件：岗位说明书；标杆/非标杆工作评价要素薪酬分配表，如表 2-71 所示。

表 2-71　标杆/非标杆工作评价要素薪酬分配表

工资率 \ 因素	所需技能	任务难度	责任大小	工作条件
200 元/月				
300 元/月				
500 元/月				
700 元/月				
1 100 元/月				
1 800 元/月				
3 900 元/月				
7 500 元/月				

首先，对标杆岗位进行排序。JM 公司根据自身情况选择了清洁工、人力资源专员、业务员、财务经理、副总裁作为标杆岗位，评价小组中的每一个成员利用表 2-70 进行独立排序，表 2-72 为评价小组某一成员的排序结果。

表2-72 标杆/非标杆工作评价要素薪酬分配表（排序结果）

工资率 \ 因素	所需技能	任务难度	责任大小	工作条件
200元/月	清洁工	清洁工		
300元/月			清洁工	清洁工
500元/月		人力资源专员	人力资源专员	人力资源专员
700元/月	人力资源专员	业务员	业务员	业务员
1 100元/月	业务员			财务经理
1 800元/月	财务经理	财务经理		副总裁
3 900元/月	副总裁	副总裁	财务经理	
7 500元/月			副总裁	

然后，利用表2-73对评价小组所有的评价结果进行加权平均，得出最终的标杆工作评价要素薪酬分配表。

表2-73 标杆工作评价要素薪酬分配表

专家 \ 岗位 \ 因素	所需技能	任务难度	责任大小	工作条件	总 分
专家1					
专家2					
专家3					
专家4					
专家5					
平均分					

在最终的标杆工作评价要素薪酬分配表中（见表2-74），在其右下角便可得到该岗位的月工资水平，如表2-74所示（由于岗位太多，在此不一一列出）。

表2-74 标杆工作评价要素薪酬分配表（分配结果）

专家 \ 岗位 \ 因素	财务经理				
	所需技能	任务难度	责任大小	工作条件	总 分
专家1	1 800	1 800	3 900	1 100	8 600
专家2	1 100	1 100	1 800	1 800	5 800
专家3	1 800	1 800	1 800	1 100	6 500
专家4	1 800	3 900	3 900	700	10 300
专家5	1 100	1 100	3 900	1 800	7 900
平均分	1 520	1 940	3 060	1 300	7 820

可见，岗位分析的结果表明，财务经理的月工资水平（也即岗位价值）为 7 820 元，以同样的方法可以得到其他岗位的月工资水平。

（四）要素计点法

要素计点法，也称点因素评估法。它要求先确定几个报酬要素，然后为每个报酬要素制定结构化量表，将待评价的岗位与报酬要素结构化量表中等级的定义进行对比，确定岗位在各项报酬要素上的得分，将岗位在各项报酬要素上的得分加总就得到岗位的点数。要素计点法的具体操作步骤如表 2-75 所示。

表 2-75　要素计点法的具体操作步骤

步　　骤	内　容　描　述
确定要评价的职簇	不同的部门岗位差别很大，通常不会使用一种点值评定方案来评价组织中的所有岗位。如可以划分为管理类、技术类、市场类、操作类、后勤类等，然后对每一个职簇制订一种方案
收集岗位信息	通过岗位分析，制定岗位说明书
选择报酬要素	常用的报酬要素有智能、责任、体能、工作条件。不同的职簇通常有不同的报酬要素
界定报酬要素	仔细界定每个报酬要素，以确保评价委员会委员在应用这些要素时能保持一致
确定要素等级	划分要素等级时，要对每个等级进行详细的定义，并提供标准岗位。不是每个要素等级都需要有相同的等级数，等级数应限制在可以清楚地区分岗位的水平上
确定要素的相对价值	每个职簇要素的权重都可能是不同的。评价委员会仔细研究要素及其等级定义，然后决定每个职簇中各要素的权重，得到各要素百分比的权重
确定各要素及各要素等级的点值	在确定了各要素的百分比权重后，用总点数乘以百分比权重就得到要素的点值，然后根据要素的等级数平均分配点值
编写工作评价指导手册	把各要素及其等级定义、点值汇编成一本便于使用的指导手册
将岗位列等	评价委员会使用工作评价手册将岗位列等。每个岗位都根据岗位说明书，按各报酬要素分别进行评价以确定其点值，把所有要素的点值加总得到该岗位的总点值。评估者通常先评价关键岗位，达成一致意见后再评价职簇中的其余岗位

1. 确定报酬要素

报酬要素的选择非常关键，它是要素计点法的核心。这些要素能反映岗位如何为组织创造价值，而这又源于岗位本身和组织的战略方向。所以在确定报酬要素时，要注意以组织的战略和价值观为基础。

美国管理技术协会曾将岗位报酬要素分为四大类，分别为智能、责任、体能和工作条件，然后在此基础上又分为多个小类，如表 2-76 所示。

表 2-76　岗位报酬要素分类情况

要素	子要素	子要素定义	等级	各等级定义
智能	1. 知识	指为了令人满意地完成该项工作，所需要的知识水平及相应的训练	1	能进行整数的读、写、加减运算；会使用固定的仪表；能阅读说明书，这一级工作不需要讲解能力
			2	能进行整数、小数和分数的加减乘除运算；会运用简单的公式、图表；会使用可调度的度量衡器工具；会写检查报告、进行记录，以及使用可比性资料。这一级工作是需要讲解能力的
			3	会进行数学运算，并使用复杂的图表说明；能使用各种类型的精密度量衡器具，受到相当于 1~3 年的专业训练
			4	能运用高等数学知识进行数量运算及分析；能使用各类精密的测量仪表，受过某种行业或社会公认的技巧训练，或受过相当于两年制的技术学科学校的专业教育
			5	会运用高等数学、应用数学知识；具有机械、电力、化工、土木工程等有关应用工程理论及实践的综合知识，相当于受过四年制技术培训或大学本科的教育训练
	2. 经验	指在正常条件下，要达到工作规定的工作质量和数量标准所需具备的最短的实际工作时间，既包括在本工作已做过的时间，也包括以往从事与本工作有关的工作时间，两方面经验要结合在一起考虑	1	3 个月以内（包括 3 个月）
			2	4~12 个月
			3	1~3 年
			4	3~5 年
			5	5 年以上
	3. 才智和创造力	为完成该职位的工作所需要具备的判断、决定、计划和活动能力，以及所需要的智能程度	1	按说明进行工作，几乎不需要进行判断与决定；按程序使用简单的设备，几乎不需要调整或选择程序
			2	按说明和程序进行工作，对程序和方法需要做一些小的调整和选择
			3	需要在规定的工作程序与方法范围内，对设备、装置、程序和操作方法进行判断分析和计划
			4	要求有相当的判断能力和计划能力，要相当主动而机智地进行决策，以完成该职位内非常规的困难工作
			5	能对涉及面很广、很复杂的计划项目和目标进行主动机智的工作，具有广泛的概括判断力

续表

要 素	子 要 素	子要素定义	等 级	各等级定义
体能	4. 体力	指从事该职位工作所需使用的体力程度	1	微不足道（如不断地举起或移动很轻的物体，很少需要搬动普通重量的物体）
			2	很轻
			3	轻
			4	一般
			5	重
	5. 注意力集中程度	本要素反映运用脑力和视力的紧张程度。注意力集中及其持续程度越高，级别越高	1	由于生产自动化等原因，只需要间或地加以注意，精神和视力长时间地保持在松弛状态
			2	经常要保持对工作的注意力
			3	持续地保持对工作的注意力
			4	需要精力与视力的高度集中
			5	需要精力与视力高度集中，进行高度紧张而准确的活动
责任	6. 对各种仪器设备所负责任的大小	指为防止因错误或粗心而造成的仪器设备损坏所负的责任	（略）	（略）
	7. 对材料或产品所负责任的大小	指为防止材料和产品损失所负的责任	（略）	（略）
	8. 对他人安全所负责任的大小	指在使用安全装置、遵守安全规则的情况下，防止对其他工作岗位上的工作人员的健康和安全产生危害所负的责任	（略）	（略）
	9. 对他人工作所负的责任	是指指导和维持他人工作的责任，分五级，所负责的人数越多，责任越大，级别越高	（略）	（略）
工作条件	10. 工作条件的好坏	指工作环境中灰尘、污垢、烟雾、潮湿、高温、噪音、振动等对工作环境的影响程度	（略）	（略）
	11. 危险性	指在考虑了劳动保护设施和规则的情况下，可能发生的工伤事故及其对健康的危害程度	（略）	（略）

资料来源：康士勇，林玳玳. 工资理论与管理实务. 北京：中国经济出版社，1998.

2. 确定要素的权重及点值

首先，应确定各影响因素点数之和的总点数。目前，英国、美国一般使用的总点数为 500 点。然后确定各因素的配点，即工作评价因素的百分比与点数。美国广泛采用的分配比例为：智能 50%，即 250 点；体能 15%，即 75 点；责任 20%，即 100 点；工作条件 15%，即 75 点，如表 2-77 所示。

表 2-77　要素权重及点值确定总表

要素 \ 点值 \ 岗位	一	二	三	四	五	总分	权重/%
1. 知识	14	28	42	56	70	250	50
2. 经验	22	44	66	88	110		
3. 才智、创造力	14	28	42	56	70		
4. 体力	10	20	30	40	50	75	15
5. 注意力	5	10	15	20	25		
6. 对各种仪器设备所负的责任	5	10	15	20	25	100	20
7. 对材料或产品所负的责任	5	10	15	20	25		
8. 对他人安全所负的责任	5	10	15	20	25		
9. 对他人工作所负的责任	5	10	15	20	25		
10. 工作条件优劣程度	5	10	15	20	25	75	15
11. 危险性	10	20	30	40	50		

岗位层次不同，所得到的点值及点值范围是不一样的，如一般管理岗位与高级管理岗位就不一样，表 2-78 为一般业务、技术和管理岗位点值确定表，表 2-79 为高级业务、技术和管理岗位点值确定表。

表 2-78　一般业务、技术和管理岗位点值确定表（示例）

要素 \ 点值 \ 岗位	一	二	三	四	五
1. 知识	15	30	45	60	—
2. 经验	20	40	60	80	100
3. 才智、创造力	15	30	45	60	—
4. 体力	5	10	20	40	—
5. 注意力	5	10	20	40	—
6. 对各种仪器设备所负的责任	5	10	20	40	—
7. 对材料或产品所负的责任	5	10	15	20	25
8. 对他人安全所负的责任	5	10	15	20	25
9. 对他人工作所负的责任	5	10	15	20	25
10. 工作条件优劣程度	5	10	—	—	—
11. 危险性	5	10	20	40	—

表 2-79 高级业务、技术和管理岗位点值确定表（示例）

要素 \ 岗位点值	一	二	三	四	五	六
1．知识	—	—	45	60	75	100
2．经验	—	—	60	80	100	125
3．才智、创造力	—	—	45	60	75	100
4．体力	—	—	20	40	60	80
5．注意力	—	—	20	40	60	80
6．对各种仪器设备所负的责任	5	10	20	40	60	80
7．对材料或产品所负的责任	5	10	15	20	25	30
8．对他人安全所负的责任	5	10	15	20	25	—
9．对他人工作所负的责任	5	10	20	40	60	—
10．工作条件优劣程度	5	10	20	40	60	80
11．危险性	5	10	20	40	60	80

3．岗位列等

根据各个岗位的点数，将岗位进行归类列等。点数越高，工等越高；点数越低，工等越低。具体例子如表 2-80 所示。

表 2-80 人员工资等级表

岗 位 点 值	工 资 等 级	岗 位 点 值	工 资 等 级
139 及 139 以下	1	272～293	8
140～161	2	294～315	9
162～183	3	316～337	10
184～205	4	338～359	11
206～227	5	360～381	12
228～249	6	382～403	13
250～271	7	403 以上	14

4．要素计点法实施举例

要素计点法实施举例如表 2-81 所示。

表 2-81 四川 AL 电力公司岗位价值评价

四川 AL 电力公司为了建立一个科学的薪酬体系，聘请咨询公司进行岗位价值的评价，作为确定各个岗位薪酬水平的价值依据。具体实施步骤如下。
一、明确工作纪律
（一）会议纪律
严格遵守工作评价期间的作息时间。
会议期间，关闭与外界的一切通信联系设备。

续表

服从评委会主席、主持人和会务负责人的工作安排,有问题主动联系。
评委会主席:电力公司
主持人:项目组咨询成员
会务负责人:×××
(二)工作评价
座位:在会议室的桌子上有座位序号,请各位评委会人员打分时在某一个固定座位上入座,记住自己的序号作为自己的编号。
岗位评分严格按工作流程和规则进行,每打完一轮及时提交打分结果。
评分过程中,各评委独立打分,不得相互协商,有疑问应与主持人商讨。
评审过程及结果要保密,禁止任何人以任何方式将工作评价的中间过程、中间结果及最终结果透露给评审委员会以外的任何人员。
评价结束时,交回全部评价资料(包括评价手册)。
二、评价规则
(一)岗位评估的流程
1. 培训
2. 标杆岗位评估
3. 岗位评估
(二)评估过程要求
1. 每一位评委将收到两份文件
(1)岗位评估打分表;(2)岗位说明书。
2. 打分要求
开始打分时,首先将评委的编号填入"岗位评估打分表"左上角的"评委编号"栏内,然后比照各个岗位说明书,依次将每个岗位、每个要素的得分填入"岗位评估打分表"的对应栏目内,做到对应准确,打分完整。
参加岗位评定的委员必须独立地对各个职位进行评价,不要互相协商打分,有疑问请举手向主持人和专业人员申请咨询。
3. 结果提交方式
每一轮打分结束后,每位评委将填写完毕的"岗位评估打分表"放在本人座位的右上角,由咨询项目组人员统一收回。
(三)主持人规则
会议主持人由咨询项目组人员担任,不参加打分,以公正中立的立场主持委员会成员的自由讨论、控制评估过程,并主持岗位评估工作的进行。
(四)岗位评估委员会的构成和组织规则
1. 评委会委员人数
评委会委员人数共20人,其中高层1人,中层12人,员工代表7人。
2. 评委会委员权力
岗位评估委员会是岗位评估的决策团体,对每个待评估岗位进行评估打分。需要投票时有表决权,每人一票。
3. 评委会委员义务
岗位评估应对岗位进行公正的价值评价,不得带个人偏见、部门偏见和感情色彩。
4. 评估委员会主席
岗位评估委员会设主席1人,评委会主席是评估委员会的领导者和此次评估的协调人,与岗位评估主持人共同维持有序的评估过程。在需要投票表决时,参加投票表决。当投票结果双方人数相同导致问题不能决定的情况下,主席在现场行使最终决定权。
(五)标杆岗位打分规则
1. 标杆岗位的选择
本次评估范围为公司全体人员,标杆岗位从企业不同类型、不同重要程度的岗位中选取,共12个。

续表

2. 标杆岗位打分

标杆岗位打分的过程也是评委们对岗位评估因素的认知过程，因此对于每个标杆岗位的每一因素都应仔细地评价：均值是否合理、总分排序和差距是否合理。对于任何标杆岗位的评价结果，专家组成员对于明显有偏差的地方可以充分发表意见，经充分讨论后，重新进行岗位评估打分。

标杆岗位的排序是以后各个岗位打分的参照，因此标杆岗位的打分必须准确。

（六）岗位评分规则

1. 岗位总分

某一个岗位的最终得分是各个因素得分的总和。

2. 每个因素的得分

每个因素分若干个子因素，每个子因素的评分标准分为不同的档级，每个档级分别有该档级的最高分和最低分。在为每个子因素打分时，先选定适合的档级，然后打分，该分数应大于低一档级的最高分，小于或等于本档级的最高分。将所有子因素打分相加即为该因素的得分。

3. 评价阶段（正式打分）

评估委员会集中时间对所有要评价岗位进行正式打分。同时，操作组成员（包括分析人员和录入人员）同步进行数据录入和分析工作。根据统计分析方法将打分不符合要求的因素和岗位找出来，准备重新打分。

4. 总结阶段（重新打分）

重新打分的对象是超过控制范围的单项因素指标、总分排序明显不合理的岗位。每阶段结束后，操作小组将需要重新打分的岗位反馈给评估委员会，评估委员会在充分讨论的基础上对这些岗位进行重新评估，直至得到合理结果。如果仍不能达成一致意见，将根据例外原则进行举手表决。评估委员会主席裁决。

5. 例外原则

在多次评估后，对个别岗位或因素评估结果不能达成一致意见时，将根据少数服从多数的原则由评估委员会进行投票表决。在投票结果双方人数相同导致问题不能决定的情况下，主席在现场行使最终决定权。

三、标杆岗位

本次评估确定的标杆岗位：总经理、副总经理、电站站长、安装公司经理、人力资源部部长、物业管理科科长、电站技安员、继保技安员、电站生技科科长、电站汽油机运行班班长、电站水机运行班班长、电站电气运行班员、出纳。

四、评价岗位清单

以下清单中不包括标杆岗位：

第 一 批	第 二 批	第 三 批
行政副总经理	总经理秘书及文秘科科长	人力资源部副部长
财务总监	办公室文员	人事专员
总工程师	档案员	薪酬专员
董事会秘书	物业管理科副科长	绩效专员
工会主席	维护员	招聘与培训专员
行政管理部部长	微机系统管理科科长	安全保卫部副部长
安全保卫部部长	后勤科长	经警班班长
供电公司经理	餐厅班长	宿舍门卫班班员
财务证券部部长	物业管理办公室主任	车队队长
生产技术部部长	办事处执行所班长	驾驶员

续表

第 四 批	第 五 批	第 六 批
总会计	党群部部长	生产技术部副部长
收入会计	宣传	水工技安员
成本会计	女工委主任	自动化技安员
物资采购管理部部长	团委书记	供用电技安员
供应专员	工会员	机械技安员
采购专员	计量检定站站长	变电站站长
库房负责人	计量检定站副站长	变电站副站长
安全监察部部长	计量一室主任	运行班班长
安全监察员	计量一室检定员	运行班员工
安全监察部文员	校表门市主任	维护班班长
第 七 批	第 八 批	第 九 批
电力调度中心主任	机械工程队队长	供电公司生产经营科
副主任A	机械工程队队员	生产技术组技安员
副主任B	特种队队长	10kV及以上专职管理员
技安员	特种队队员	外线班班长
正值调度	电气一队队长	外线班班员
办公室主任	电气一队队员	变维班班长
通信科科长	经营发展部部长	内线班班长
通信员	经营发展部副部长	内线班班员
安装公司副经理	计量线损专员	收费员
安装公司项目副经理	战略管理专员	制票员
	第 十 批	
电站生产副站长	进水口班班长	炊事班班长
电站行政副站长	进水口班班员	门卫
维护班班长	办公室主任	
前池班班长	办公室科员	

续表

五、评价因素（摘录）		
1 责任因素		
等级	1.1 经营损失的责任	分值
	因素定义：指为保证经营活动顺利进行，对风险控制责任的大小以及可能造成的经营损失方面所承担的责任。	
1	极少有风险，造成损失可能极小。	5
2	仅有一些小风险。一旦发生问题，会造成较小的损失。	15
3	有一定的风险。一旦发生问题，造成较大的损失。	30
4	有较大的风险。一旦发生问题，会造成重大的损失。	45
5	有极大的风险。一旦发生问题，会造成不可估量的损失，将导致经营危机。	60
等级	1.2 领导管理的责任	分值
	因素定义：指在正常权力范围内所拥有的正式领导管理职责。其责任的大小根据所领导管理人员的层次进行判断。 注：一般员工指的是无下级的员工；一般管理人员是指有下级的基层管理人员；中层管理人员指的是职能部门或业务部门中的负责人（正/副职）；高层管理人员指的是公司总助及以上人员。	
0	不领导管理任何人，只对自己负责。	0
1	领导管理一般人员。	5
2	领导管理一般管理人员。	10
3	领导管理岗位中有中层管理人员。	15
4	领导管理岗位中有部门第一负责人。	20
5	领导管理岗位中有高层管理人员。	30
等级	1.3 内部协调的责任	分值
	因素定义：指在正常工作中，需要与之合作共同顺利开展业务的协调活动。其责任的大小以所协调对象的所在层次、人员数量及频繁程度和失调后果大小作为判断基准。	
1	不需要与任何人进行协调，若有，也是偶尔的、本部门的一般职工。	5
2	仅与本部门职工进行工作协调，偶尔与其他部门进行一些个人协调，协调不力一般影响自己和他人的正常工作。	10
3	与本部门和其他部门职工有密切的工作联系，协调不力会影响双方的工作。	15
4	几乎与本公司所有一般职工有密切工作联系，或与部分部门经理有工作协调的必要。协调不力对公司有一定影响。	25
5	与各部门的经理及负责人有密切的工作联系，在工作中需要保持随时联系和沟通，协调不力对整个公司有重大影响。	35

续表

等级	1.4 外部协调的责任	分值
	因素定义：只有正常工作中需维持密切工作关系，一般顺利开展工作方面所负有的责任，其责任大小由对方工作重要性作为判断标准。	
1	不需要与外界保持密切联系，如有，也仅限于一般公职人员，且属于偶然性。	5
2	工作需要与外界几个固定部门的一般人员发生较频繁的业务联系，所开展的业务属于常规性。	15
3	需要与厂商、政府机构、外商保持密切联系，联系原因只限于具体业务范围内。	25
4	需要与上级或其他主管部门的负责人保持密切联系，频繁沟通，联系的原因往往涉及重大问题或影响决策。	35

等级	1.5 工作结果的责任	分值
	因素定义：指对工作结果承担多大的责任。以工作结果对公司影响的大小作为判断责任大小的基础。	
1	只对自己的工作结果负责。	5
2	需要对自己和所领导员工的工作结果负责。	10
3	对整个部门（业务部门/职能部门）的工作结果负责。	20
4	对多个部门的工作结果负责。	30
5	对整体的工作结果负责。	40

等级	1.6 人力资源的责任	分值
	因素定义：指在正常工作中，对人员的选拔、作用、考核、工作分配、激励等具有法定的权力。	
0	不负有人力资源的责任。	0
1	仅对一般职工有工作分配任务、考核和激励的责任。	10
2	对一般职工有选拔、使用和管理的责任。	15
3	对一般管理人员有选拔的权力。	20
4	对中层管理人员有选拔的权力。	30

等级	1.7 法律上的责任	分值
	因素定义：指在正常工作中需要撰写和签署具有法律效力的合同，并对合同结果负有相应的责任。其责任的大小以签约、撰写合同的重要性及后果作为判断基准。	
0	不参与有关法律合同的制定和签约。	0
1	工作需要偶尔拟订具有法律效力的合同条文，其条文最终受上级审核方可签约。	5
2	工作经常需要撰写合同和签约，领导只做原则审核。个人承担部分责任。	10
3	工作经常需要审核各种业务或其他具有法律效力的合同，并对合同的结果负有全部责任。	20
4	工作经常需要以法人资格签署各种有关合同，并对其结果负有全部的责任。	30

续表

等级	1.8 决策责任	分值
	因素定义：指在正常的工作中需要参与决策，其责任的大小根据所参与决策的层次高低作为判断基准。	
1	工作中常做一些小的决定，一般不影响他人。	5
2	工作中需要做一些大的决定，只影响与自己有工作关系的部分一般职工。	10
3	工作中需要做一些对所属人员有影响的决策。	20
4	工作中需要做一些大的决策，但必须与其他部门负责人共同协商方可。	30
5	工作中需要参加最高层次决策。	40
2 知识技能因素		
等级	2.1 最低学历要求	分值
	因素定义：指顺利执行工作职责所要求的最低学历要求，其判断基准按正规教育水平判断。	
0	初中及以下	0
1	高中、职业高中、技校或中专毕业	5
2	大学专科	10
3	大学本科	20
4	硕士及以上	30
……（如此类推，以下略）		

（五）海氏评价法

海氏评价法是目前比较流行的一种工作评价方法，其实质是一种要素计点法，只不过此法将报酬要素进一步抽象为具有普遍适用性的三大因素：技能水平、解决问题的能力和所负的责任，相应地，设计了三套标尺性评价量表，最后将所得分值加和，算出各个工作职位的相对价值。

1. 三大因素的定义

海氏评价法三大因素的定义如表 2-82 所示。

表 2-82 海氏评价法三大因素的定义

序号	因素	因素定义	子因素	子因素定义	等级
1	技能水平	要使工作绩效达到可接受的水平所必需的专门及相应的实际动作技能的总和	专业知识的深度与广度	一个岗位往往要求多样化的知识，对于每一岗位的专业知识要求要在广度和深度之间进行结合和权衡	8

续表

序号	因素	因素定义	子因素	子因素定义	等级
1	技能水平	要使工作绩效达到可接受的水平所必需的专门及相应的实际动作技能的总和	管理技能	为达到要求的绩效水平而具备的计划、组织、执行、控制和评价的能力与技巧，该系统分五个等级，从"起码的"第一级到"全面的"第五级	5
			人际关系技能	该职位所需要的沟通、协调、激励、培训、关系处理等方面主动而活跃的活动技巧；该子系统分"基本的""重要的""关键的"三个等级	3
2	解决问题的能力	工作中发现问题，分析诊断问题，提出、权衡与评价对策，做出决策的能力	思考的环境	指环境对职位行使者的思维的限制程度，该子因素分八个等级，从几乎一切都按既定规则工作的"高度常规的"第一级到"抽象规定的"第八级	8
			思维挑战性	指解决问题时对当事者创造性思维的要求，该子因素分八个等级，从几乎无需动脑，只需按规矩办事的第一级到"抽象规定的"的第八级	8
3	所负的责任	指职位行使者的行动对工作最终结果可能造成的影响及承担责任的大小	行动的自由度	职位能在多大程度对其工作进行个人指导与控制，该子因素包含九个等级，从自由度最小的第一级"有规定的"到自由度最大的第九级"一般性无指引的"	9

海氏评价法三大因素的衡量都包括广度（多样性）和深度（透彻性）两个方面。这里以技能水平为例进行说明，如管理技能的广度可分为5个等级（见表2-83）。

表2-83 管理技能的广度

等级	具体划分
1	起码的：对一项活动的实施和管理具有高度特定性，仅需对相关活动的一般了解
2	相关的：对本质和目标相对一致的众多活动需要在概念或实施方面进行协调或一体化
3	多样的：在重要的管理领域中，对性质和目的不同的众多活动在概念或实施方面进行协调或一体化
4	广博的：对一项复杂的经营业务的主要活动进行一体化，或对显著影响企业总体计划或经营的战略性职能进行整个企业范围内的协调
5	全面的：总体的技能

2. 海氏评价法的实施步骤

海氏评价法的具体实施步骤如表2-84所示。

表 2-84　海氏评价法的具体实施步骤

步　骤	内　容　描　述
选择标杆岗位	在应用海氏评价法进行评价前，就所有的被测岗位进行归类，并从每类中选出标杆岗位来参加测评。在选择标杆岗位时要注意按照三个标准来选择：一是标杆岗位够用即可；二是标杆岗位要好用，选择岗位价值较难比较的岗位来作为标杆岗位；三是必须能代表所有岗位所包括的职能特性和要求
准备标杆岗位的岗位说明书	要准备详细的岗位说明书，以便评价者利用它来进行评价，以降低工作评价的主观臆测性
成立工作评价小组	工作评价小组应由外部专家和企业内部资深员工组成，外部专家较内部人员更为客观公正，而内部人员则挑选那些对公司整体情况比较熟悉的人，不仅考虑中高层员工而且还要适当兼顾基层员工
对工作评价小组成员进行培训	要让每一个工作评价人员对海氏评价法的原理、逻辑关系、评价过程和评价方法有非常清晰的了解
对标杆岗位进行评价	进行评价时可以分三个步骤：首先让最熟悉的人选择一个岗位进行评价；然后评价小组再选择若干个具有代表性的岗位进行试评价；评价结果如果比较令人满意就可展开全面的评价
计算岗位得分，建立岗位等级	计算得分要注意将评价差异过大的岗位剔除，然后按照得分的高低将标杆岗位进行排序，按照一定的分数差距对标杆岗位进行分级分层。然后再将非标杆岗位按其对应的标杆岗位排列到相应的层级中

3. 海氏评价法实施案例

某公司是一个中小型企业，为了使薪酬体系的设计更加有理有据，更能体现员工的价值，公司利用海氏评价法进行工作评价。

第一步，标杆岗位的选取。由于公司规模较小，所以本次岗位分析选择了行政助理、技术顾问和业务副总三个岗位作为标杆岗位。

第二步，三个标杆岗位的岗位说明书（略）。

第三步，组成工作评价小组并进行培训（略）。

第四步，利用海氏分析法进行三大因素分析。

第一是技能水平的分析。表 2-85 是技能水平分析评分表，仔细观察该表就会发现该表的设计规律。后一项评定因子的首位评分基本上是承接前一个评定因子的末位得分，而排在首位及末位的因子分值的确定以及同一行两个因子间分值差距的确定，则可由工作评价小组根据组织的实际情况进行调整。

行政助理职位所需要的专业理论知识要求并不高，只需要达到"初等业务的"水平即可。同时，行政助理手下基本没有要管理的人员，因此在管理诀窍方面被评估为最低水平："起码的"。但是在人际关系方面，行政助理需要与较多的人打交道，要多方面协调，需要掌握相对较高的人际关系技巧，因此在人际技能方面评为"关键的"。综合以上三方面，行政助理的得分为 87 分。类似地，技术顾问的得分为 350 分，业务副总的得分为608分。

表2-85 技能水平分析评分表

项目		管理诀窍											
		1. 起码的			2. 相关的			3. 多样的			4. 广博的			5. 全面的		
	人际技能	基本的	重要的	关键的	基本的	重要的	关键的	基本的	重要的	关键的	基本的	重要的	关键的	基本的	重要的	关键的
专业理论知识	1. 基本的	50	57	66	66	76	87	87	100	115	115	132	152	152	175	200
		57	66	76	76	87	100	100	115	132	132	152	175	175	200	230
		66	76	87	(行政助理)	100	115	115	132	152	152	175	200	200	230	264
	2. 初等业务的	66	76	(87)	87	100	115	115	132	152	152	175	200	200	230	264
		76	87	100	100	115	132	132	152	175	175	200	230	230	264	304
		87	100	115	115	132	152	152	175	200	200	230	264	264	304	350
	3. 中等业务的	87	100	115	115	132	152	152	175	200	200	230	264	264	304	350
		100	115	132	132	152	175	175	200	230	230	264	304	304	350	400
		115	132	152	152	175	200	200	230	264	264	304	350	350	400	460
	4. 高等业务的	115	132	152	152	175	200	200	230	264	264	304	350	350	400	460
		132	152	175	175	200	230	230	264	304	304	350	400	400	460	528
		152	175	200	200	230	264	264	304	350	350	400	460	460	528	608
	5. 基本专门技术	152	175	200	200	230	264	264	304	350	350	400	460	460	528	608
		175	200	230	230	264	304	304	350	400	400	460	528	528	608	700
		200	230	264	264	304	350	350	400	460	(业务副总)	608	608	700	800
	6. 熟练专门技术	200	230	264	264	304	350	350	400	460	460	528	(608)	700	800
		230	264	304	304	350	400	400	460	528	528	608	700	700	800	920
		264	304	350	350	400	460	460	528	608	608	700	800	800	920	1 056
	7. 精通专门技术	264	304	350	(技术顾问)	460	460	528	608	608	700	800	800	920	1 056
		304	(350)	400	400	460	528	528	608	700	700	800	920	920	1 056	1 216
		350	400	460	460	528	608	608	700	800	800	920	1 056	1 056	1 216	1 400
	8. 权威专门技术	350	400	460	460	528	608	608	700	800	800	920	1 056	1 056	1 216	1 400
		400	460	528	528	608	700	700	800	920	920	1 056	1 216	1 216	1 400	1 600
		460	528	608	608	700	800	800	920	1 056	1 056	1 216	1 400	1 400	1 600	1 840

表2-86为海氏评价法的技能水平评分标准。

表 2-86 海氏评价法的技能水平评分标准

项目	指标	标准	相应岗位举例
专业理论知识	基本的	熟悉简单工作程序	复印机操作员
	初等业务的	能同时操作多种简单的设备以完成一个工作	接待员、打字员
	中等业务的	对一些基本的方法和工艺熟练,需具有使用专业设备的能力	人力资源助理、电气技师
	高等业务的	能应用较为复杂的流程和系统,需要应用一些技术知识(非理性的)	调度员、行政助理
	基本专门技术	通过正规的教育才能达到一般性的技能;或通过工作锻炼掌握的一些特殊技巧(通常是感性的)	会计、工程师
	熟练专门技术	充分掌握某技巧,该技巧或需要相关实践和行使经验,或需要科学理论和原则,或两者都需要	人力资源经理、总监
	精通专门技术	精通理论、原则和综合技术	专家(工程、法律等方面)、CEO、副总
	权威专门技术	在综合技术领域成为公认的专家	公认的专家
人际技能	基本的	要求基本的礼节和交谈技巧,能有效处理日常工作中的人际关系,包括获取或提供信息	会计、打字员
	重要的	具有理解和/或影响他人、促使别人理解或行动的方法和综合性技巧,对于达成目标很重要	人力资源督导、经理、CEO
	关键的	具有使他人理解和接受行动的方法和综合技巧,对于工作非常重要	订货员、维修协调员
管理诀窍	起码的	仅关注所管理活动的内容和目的,而不关心对其他活动的影响	会计、业务员
	相关的	决定部门各种活动的方向、活动涉及几个部门的协调等	主任、执行经理
	多样的	决定一个大部门的方向或对组织的表现有决定性影响	副总、事业部经理
	广博的	决定一个主要部门的方向,或对组织的规划、运作有战略性的影响	中型组织 CEO、大型组织副总
	全面的	对组织进行全面管理	大型组织 CEO

第二是解决问题能力的分析,主要利用解决问题的能力分析评分表来进行分析,如表 2-87 所示。

表 2-87 是在表 2-85 的基础上进行分析的。因为解决问题的能力是基于技能水平的,表 2-87 左上角的"10%"表示解决问题所需要的能力只需要用到该岗位所要求技能水平的 10%。这是因为此处所表示岗位问题的解决思维环境是"高度常规性的",而思维难度也只是"重复性的",所以其需要的技能水平并不高,只需要 10%。

具体的行政助理岗位,工作评价小组认为行政助理在解决问题时所面临的思维环境是属于"常规性的",而思维难度属于"中间性的",所以其比例取值为 22%,此岗位在解决问题能力的这个维度得分为：87×22%=19 分。业务副总因为在解决问题时需要考虑一些大的原则、标准，所以其解决问题所面临的思维环境是属于"广泛规定的"，同时其解决问题所需要的创造性非常高，所以问题的难度是"无先例的"，此岗位在解决问题能力的这个维度的得分为：608×66%=401 分。技术顾问解决问题的思维环境则是"一般规定的"，而解决问题只需要根据实际情况进行判断和斟酌，所以解决问题的难度是"适应性的"，此岗位在解决问题能力的这个维度的得分为：350×57%=200 分。

表 2-87 解决问题的能力分析评分表

项目		思 维 难 度				
		1. 重复性的	2. 模式化的	3. 中间性的	4. 适应性的	5. 无先例的
思维环境	1. 高度常规性的	10%	14%	19%	25%	33%
	2. 常规性的	12%	16%	22% (行政助理)		38%
	3. 半常规的	14%	19%	25%	33%	43%
	4. 标准化的	16%	22%	29%	38%	50%
	5. 明确规定的	19%	25%	33%	(业务副总)	57%
	6. 广泛规定的	22%	29%	38%	50%	66%
	7. 一般规定的	25%	33%	(技术顾问)	57%	76%
	8. 抽象规定的	29%	38%	50%	66%	

具体的评分标准如表 2-88 所示。

表 2-88 评分标准

项目	指标	标　　准
思维环境	高度常规性的	简单的规则和详细的说明
	常规性的	已经建立的常规和固定的说明
	半常规的	某种变化的步骤和先例
	标准化的	潜在的、多元的程序和专业化的标准
	明确规定的	仔细限定的政策
	广泛规定的	明确（组织）的政策和特殊的目标
	一般规定的	普通（社会）的政策和特殊的目标
	抽象规定的	自然和社会的一般规律，商业哲学和文化标准
思维难度	重复性的	需要根据所学知识在完全相同的情况下做出简单的选择
	模式化的	需要根据所了解的通常有较相近的定义、良好的模块，在相似情况下做出有区别的选择
	中间性的	需要在不同的情况下，应用所学领域内的知识，寻求解决问题的新办法
	适应性的	需要在变化的情况下，应用所学领域内的知识，寻求解决问题的新方法
	无先例的	在新添的、非重复出现、要寻找路径的情况下，需要发展创造性的方法和概念

第三是岗位所负的责任分析,主要利用所负责任分析评分表来进行分析,如表2-89所示。

表2-89 所负责任分析评分表

财务责任	大小等级	1. 微小			2. 少量			3. 中量			4. 大量		
		间接		直接	间接		直接	间接		直接	间接		直接
职务对后果形成的作用		微小	次要	重要 主要	微小	次要	重要 主要	微小	次要	重要 主要	微小	次要	重要 主要
行动的自由度	有规定的	10	14	19 25	14	19	25 33	19	25	33 43	25	33	43 57
		12	16	22 29	16	22	29 38	22	29	38 50	29	38	50 66
		14	19	25 33	19	25	33 43	25	33	43 57	33	43	57 76
	受控制的	16	22	29 38	22	29	38 50	29	38	50 66	38	50	66 87
		19	25	33 43	25	33	43 57	33	43	57 76	43	57	76 100
		22	29	38 50	29	38	50 66	38	50	66 87	50	66	87 115
	标准化的	25	33	43 57	33	43	57 76	43	57	76 100	57	76	100 132
		29	38	50 66	38	50	66 87	50	66	87 115	66	87	115 152
		33	43	57 76	43	57	76 100	57	76	100 132	76	100	132 175
	一般性的规定	38	50	66 87	50	66	87 115	66	87	115 152	87	115	152 200
		43	57	76 （行政助理）	76	100	132	76	100	132 175	100	132	175 230
		50	66	87 115	66	87	115 152	87	115	152 200	115	152	200 264
	有指导的	57	76	100 132	76	100	132 175	100	132	175 230	132	175	230 304
		66	87	115 152	87	115	152 200	115	152	200 264	152	200	264 350
		76	100	132 175	100	132	175 230	132	175	230 304	175	230	304 400
	方向性指导	87	115	152 200	115	152	200 264	152	200	264 350	200	264	350 460
		100	132	175 230	132	175	230（技术顾问）	304		400	230	304	400 528
		115	152	200 264	152	200	264 350	200	264	350 460	264	350	460 608
	广泛性指导	132	175	230 304	175	230	304 400	230	304	400 528	304	400	528 （业务副总） 700
		152	200	264 350	200	264	350 460	264	350	460 608	350	460	608 800
		175	230	304 400	230	304	400 528	304	400	528 700	400	528	700 920
	战略性指导	200	264	350 460	264	350	460 608	350	460	608 800	460	608	800 1 056
		230	304	400 528	304	400	528 700	400	528	700 920	528	700	920 1 216
		264	350	460 608	350	460	608 800	460	608	800 1 056	608	800	1 056 1 400
	一般性无指引	304	400	528 700	400	528	700 920	528	700	920 1 216	700	920	1 216 1 600
		350	460	608 800	460	608	800 1 056	608	800	1 056 1 400	800	1 056	1 400 1 840
		400	528	700 920	528	700	920 1 216	700	920	1 216 1 600	920	1 216	1 600 2 112

行政助理的财务责任是"次要"的,而行动的自由度是"一般性的规定",所以其在所负的责任这一栏中的得分是57分。技术顾问的财务责任则是"少量"的,行动自由度则较大,为"方向性指导",所以在此维度中得分为230分。而业务副总的财务责任则相对较为

重大，他的行动自由度也非常大，属于"广泛性指导"，因此在此维度中的得分为800分。

具体的评分标准如表2-90所示。

表2-90 评分标准

项目	指标	标准	相应岗位举例
行动的自由度	有规定的	详细描述的作业文件，覆盖了全部的简单任务	电梯操作员
	受控制的	规定的指导覆盖指定的任务和/或直接的监督	水暖维修工
	标准化的	通过建立工作日志和/或监督成果来管理	划价员
	一般性的规定	标准化的训练和程序和/或普通的工作指导和/或发展的监督，部分可采用的结果监督	输液人员
	有指导的	存在行使或规定好的政策，这种政策所确定的训练和程序可以全部或部分用于监督检阅工作	外事接待、起草文件人员
	方向性指导	存在行使或规定好的政策，这种政策确定的广泛的练习和程序，专门操作计划和/或管理性的指导工作的发展和规模	常规性部门管理工作（行保）人员
	广泛性指导	通过理解组织的政策、目的，来全面指导工作的性质和规模	业务的、开创性管理（科研）人员
	战略性指导	用已有组织战略指导工作，来实现组织目标	经理层
	一般性无指引	根据内外环境确定组织目标，并寻找实现途径	董事会，股东会
职务对后果形成的作用	微小	只在提供信息或偶然性服务上做一点贡献	档案管理人员
	次要	咨询性作用，即提供主意和建议，补充解释与说明，或提供方便	法律顾问
	重要	即共同负责的，指和本企业内部（不包括本人的下级和上司）其他部门或企业外部的人合作，共同行动，因而责任较为重要	招聘过程中人事与用人部门
	主要	即由本人承担主要责任，独立承担或虽然有别人参与，但他们是次要的、附属的、配角的	采购人员

综合以上分析，得出三个标杆岗位的工作评价得分，如表2-91所示。

表2-91 标杆岗位的工作评价得分汇总表

因素 职位	技能水平		问题解决能力		所负的责任		总分
	得分	占总分的比例	得分	占总分的比例	得分	占总分的比例	
行政助理	87	53%	19	12%	57	35%	163
技术顾问	350	45%	200	26%	230	29%	780
业务副总	608	34%	401	22%	800	44%	1 809

根据最后得分，可以将公司的岗位等级分为三级：基层、中层和高层。而在级别分值范围的选取上，应当遵循"低级级差小，高级级差大"的原则来进行划分。在本案例中，结合公司的实际情况，做如下级别划分。

基层：50～300 分；中层：301～1 000 分；高层：大于 1 000 分。其他岗位可对照这三个标杆岗位，从以上三个因素进行评分，然后再根据分数归入各个等级。当公司规模较大，岗位数目较多时，可以选取更多的标杆岗位和划分更多的岗位级别。

第六节　工作分析的应用

一、工作分析在人力资源规划中的应用

人力资源规划就是对企业在某个时期内的人员供给和人员需求进行预测，并根据预测结果制定必要的制度和措施，以保证组织在需要的时间和需要的岗位上获得各种必需的人力资源的过程。

1. 人力资源规划的内容

（1）人力资源整体规划，指的是对计划期内人力资源规划结果的总体描述，包括预测的需求和供给分别是多少。

（2）人力资源业务规划，其具体内容如表 2-92 所示。

表 2-92　人力资源业务规划的内容

规划名称	目　标	政　策	预　算
人员补充规划	类型、数量、层次对人员素质结构的改善	人员的资格标准、人员的来源范围、人员的起点待遇	招聘选拔费用
人员配置计划	部门编制、人力资源结构优化、职位匹配、职位轮换	任职条件、职位轮换的范围和时间	按使用规模类别和人员状况决定薪酬预算
人员接替和提升计划	后备人员数量保持、人员结构的改善	选拔标准、提升比例、未提升人员的安置	职位变动引起的工作变动
培训开发计划	培训的数量和类型、提升内部供给、提高工作效率	培训计划的安排、培训时间和效果的保证	培训开发的总成本
工资激励计划	劳动供给增加、士气提高、绩效改善	工资政策、激励政策、激励方式	增加工资、奖金的数额
员工关系计划	提高工作效率、改善员工关系、降低离职率	民主管理、加强沟通	法律诉讼费用
退休解聘计划	劳动力成本降低、生产率提高	退休政策及解聘程序	安置费用

2. 人力资源规划的过程

人力资源规划的过程一般包括：准备阶段、预测阶段、实施阶段和评估阶段，其具体过程如图 2-20 所示。

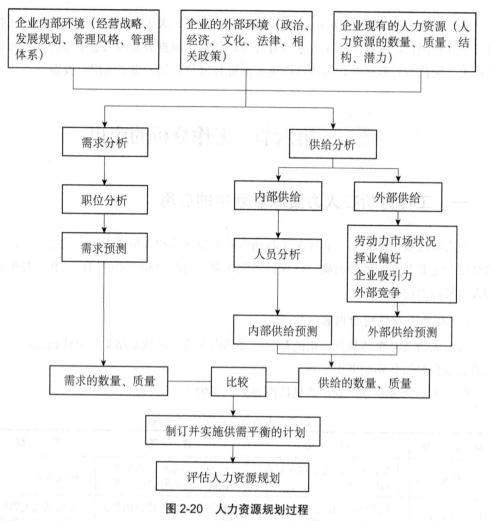

图 2-20 人力资源规划过程

3. 工作分析与人力资源规划

工作分析是整个人力资源管理工作的基础,与人力资源规划密不可分。工作分析的结果可以为有效的人力资源规划提供可靠的依据。

(1) 工作分析与需求预测分析。进行人力资源规划需要预测分析,首先要收集相关的资料,包括企业的发展战略和目标、组织结构、工作说明书、现有人力资源信息等。另外,还要收集一些关于组织经营环境的约束性资料,包括社会、政治、法律环境等。这些资料对人力资源规划的作用如表 2-93 所示。

(2) 工作分析与人力资源供给预测分析。人力资源供给预测分析的信息主要来自两个方面:一是组织外部人员的招聘;二是组织内部人员的晋升、调配。组织在对人力资源供给预测信息进行分析时,在一定程度上依赖于工作分析的结果。

表 2-93 工作分析对获取人力资源信息的作用

来源	作用
工作说明书	可以掌握各类人员的职责能否实现组织未来的发展目标
工作规范	可以了解组织现有职位人员是否具备实现组织发展战略的技术和能力
组织发展战略、组织文化与组织环境	可以对未来所需的人力资源数量、质量及结构的总体状况做出预测分析,从而确定是否需要进行人员补充,需要进行哪类人才的补充,并设计出未来所需人员的职责

工作分析为外部人员的招聘提供了所需人员的标准。在组织进行外部人员的招聘时,可以根据本组织工作分析的结果,根据工作描述、工作规范对组织所需人员设定的标准和条件进行选拔,进而掌握组织外部未来能够适应本组织发展的相关人员的数量。另外,工作分析为组织内部供给预测提供依据。进行人力资源预测分析时,必须掌握组织内现有人员流动趋势的信息,这些信息则可以通过对工作说明书的分析来获取。一份完整的工作说明书不仅包括了工作名称、工作环境、工作职责,同时对该职位的晋升、降级、所受的培训都有详细的描述,通过对这些信息资料的整理,可以进行相应的人员供给预测分析。

(3) 工作分析与人力数量、质量平衡。根据需求预测和供给预测的情况,比较之后组织会根据情况制定人力资源政策。一般会出现三种情况,如表 2-94 所示。

表 2-94 工作分析在不同情况下的应用

情况	工作分析的应用
供求平衡	保持现有的工作分析结果,进行必要的维护,保证各任职者按照工作说明书所描述的职责、任职资格及工作,协作有序地进行工作和生产
供给不足	1. 招聘。组织根据所缺人员职位的工作说明书,确定招聘人员的标准,制订相应的招聘方案 2. 拓展现有职位的工作职责。在拓展之前要先对工作分析的结果进行梳理和分析,明确各个工作的饱和度,仅对那些未达到饱和状态的职位进行职责的拓展,并且根据各职位的实际情况确定职责如何进行拓展。拓展后由于各职位的工作关系、职责等发生了变化,组织需要根据实际情况对相应的职位重新进行工作分析,并制定工作说明书
供给过剩	解决这种情况的政策有以下三种: 1. 裁减或辞退员工 2. 工作职能分解 3. 减少工作时间,降低工作效率 不论哪一种情况都需要及时地对原有的工作说明书进行适当的修改和调整,为以后的人力资源管理活动提供依据

(4) 工作分析与人力资源规划的评估。人力资源规划的评估,是人力资源规划的最后一步,是对人力资源规划的合理性、准确性进行反馈,并根据现实情况不断予以

修正和完善的过程。对人力资源规划进行评估，需要关注多方面的内容，如任职者能否胜任职位工作，各个岗位的任职者能否按照岗位设置的目标履行各自的工作职责，通过各个岗位职责的实现能否实现组织的发展方向或战略目标。这些都要以工作分析的结果为依据进行衡量和检验。通过工作分析能对组织所有的岗位进行分析，及时发现可能存在的问题，避免因为岗位设置的问题，或是岗位任职者的原因，影响组织的发展。

二、工作分析在人员招聘中的应用

招聘是指组织为了发展的需要，根据人力资源规划和工作分析的数量和质量要求，吸引应聘者进而选拔、录用的过程。它是人力资源开发与管理中的一个重要的环节，是对人力资源规划的具体实施。

1. 人力资源招聘流程

人力资源招聘流程如图 2-21 所示。

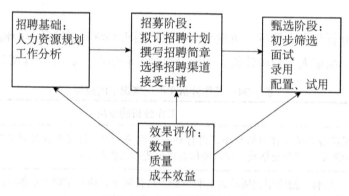

图 2-21　人力资源招聘流程

2. 工作分析在招聘各环节中的应用

工作分析在招聘各环节中的应用如表 2-95 所示。

表 2-95　工作分析在招聘各环节的应用

招聘流程中的环节	工作分析在各个环节中的应用
确定招聘需求	通过各种分析掌握人力资源规划中人员配置是否得当，了解招聘需求是否恰当，分析需要招聘职位的工作职责、工作规范
确定招聘信息	根据工作说明书准备需要发布的招聘信息，使潜在的候选人了解对工作的要求和对应聘者的要求
发布招聘信息	根据工作规范的素质（知识、技能等）特征要求及招聘的难易程度选择招聘信息的发布渠道

续表

招聘流程中的环节	工作分析在各个环节中的应用
应聘者资料的初步筛选	根据工作规范的要求进行初步的筛选，以便选择合适的应聘者参加面试，节约交易成本
测试	根据招聘职位的实际工作，选用适当的方式；选用与实际工作相类似的工作内容对应聘候选人进行测试，了解并测试其在未来实际工作中完成任务的能力
面试	通过工作分析掌握面试中需要向应聘者了解的信息，验证应聘者的工作能力是否符合工作职位的各项要求
选拔、录用	根据工作职位的要求，录用最合适的应聘者
安置工作和试用	根据工作职位的要求进行人员合理安置，对试用期的员工进行绩效考核，确认招聘是否满足职位需要

3. 工作分析与招聘广告的关系

工作分析与招聘广告的关系示意图如图2-22所示。

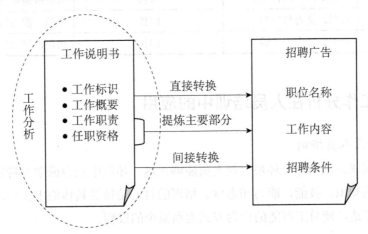

图 2-22　工作分析与招聘广告的关系示意图

招聘广告示例

职位名称：人力资源部经理

工作内容：
- 确保所有的人力资源战略和政策都能够与公司的业务发展相匹配。
- 确保对员工进行有效的培训以提高员工的工作质量。
- 通过对下属的甄选、培训、激励以及开发，确保他们能够胜任当前以及未来的职责。

任职资格：
- 大学及大学以上教育程度。
- 人力资源领域五年以上工作经验，两年管理经验。
- 对国家政策和规章制度有全面了解。
- 良好的英语和计算机应用能力。

4. 工作分析与人员甄选的关系

人员甄选的流程示意图如图 2-23 所示。

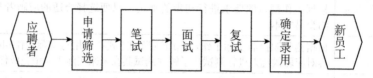

图 2-23　人员甄选的流程示意图

职位说明书与人员甄选各环节的关系如表 2-96 所示。

表 2-96　职位说明书与人员甄选各环节的关系

人员甄选环节	主要考察指标	与职位说明书的联系方式	职位说明书中的对应部分
申请筛选	学历、专业、工作经验、资格证书	直接	教育程度、工作经验、资格证书
笔试	基础知识、岗位知识	直接	职位所需要的知识
面试	知识、能力与经验	间接	知识、能力与经验要求
复试	知识、能力与经验	间接	知识、能力与经验要求

三、工作分析在人员培训中的应用

1. 什么是人员培训

人员培训就是创造一个环境，使人员能够在这一环境中获得或学习特定的与工作要求密切相关的知识、技能、能力和态度。培训的目的是按照具体的工作要求对员工的行为方式进行塑造，使员工可能的行为方式类别减少的过程。

2. 人员培训的流程

人员培训的流程示意图如图 2-24 所示。

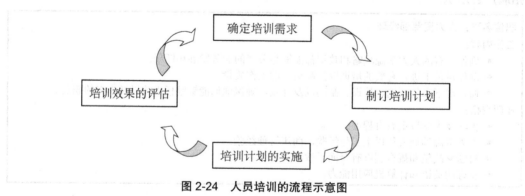

图 2-24　人员培训的流程示意图

3. 工作分析与人员培训的关系

工作分析对人员培训的支持主要集中在确定培训需求这一阶段。

（1）培训需求分析的三个层次（见表2-97）。

表2-97 培训需求分析的三个层次

层 次	操 作
组织分析	是以组织整体作为分析单位。组织分析是建立在组织的战略和目标基础上，去分析为了完成组织的战略与目标，需要各层各类的员工具备什么样的知识、技能与能力，从而形成组织的人力资源需求；然后将这样的需求与组织的人力资源状况相对比，找到差距。这样的差距可以通过两种方式来加以解决：一种是外部的招聘；另一种则是对现有人员的培训。组织分析的目的就是要在这两者之间做出选择
任职资格分析	针对每一个具体的职位，通过分析其工作职责、任务与情境因素，去推导出完成这样的工作，并取得良好的绩效，需要任职者具备什么样的知识、技能与能力
人员分析	是建立在任职资格分析的基础之上，以职位的任职资格要求为参照系，对任职者的知识、技能与能力进行评价，寻找差距，从而找到培训的需求点

（2）工作分析与培训需求分析的关系（见表2-98）。

表2-98 工作分析与培训需求分析的关系

培训需求分析的层次	工作分析的贡献
组织分析	一是帮助组织构建内部的人力资源信息系统，使组织能够准确地对人力资源现状进行度量；二是提供关于工作的情境信息，包括通过发现关于职位最终产品与服务、工作流程、工作成本等方面所面临的问题，来找到组织中可以进行改进的方向，从而为组织层面的培训需求的确定提供依据
任职资格分析	一部分是工作说明书中，关于岗位的知识要求、技能要求，以及素质要求中纯粹属于能力，而与个性无关的部分，如信息收集能力、观察能力、计划能力、组织能力等。另一部分主要包括自我观念、内在动机等，在职位说明书中则体现为素质要求中的个性特征部分，如责任心、外向性等。在这两部分之中，前者是较为容易改变的，而后者则较为稳定与固化，改变起来相当困难。培训中的任职资格分析主要针对前者
人员分析	人员分析是建立在任职资格分析基础之上，将任职资格与任职者现状进行对比的过程，因此，工作分析对人员分析的贡献主要体现在任职资格分析之中

四、工作分析在绩效管理中的应用

绩效管理是管理者和员工就工作目标及如何实现目标达成共识的过程。绩效管理是组织中一种重要的管理工作，通过绩效管理，员工可以知道上级希望自己做什么，自己可以做什么样的决策，必须把工作做到什么样的地步等。通过有效的绩效管理可以实现个人价值，又可以提升管理的水平，还可以促进企业的效益。

工作分析作为人力资源的基础性工具和方法，它的结果对绩效管理有着重要的意义，下面就绩效管理的绩效考核指标设计、绩效评估和绩效管理方式三方面，来探讨工作分析在绩效管理中的应用。

1. 工作分析和绩效考核指标设计的关系

人力资源管理的核心在于提高员工的绩效水平,为组织的整体目标和战略的实现做出贡献。所以绩效考核是绩效管理的核心,在人力资源管理中占有重要的地位。而绩效考核体系设计的关键又在于如何为组织中的每一个部门和职位建立起一套具体、明确、具有可操作性的考核指标体系。考核指标的设计目前有两种不同的模式:一种是传统的基于工作分析的考核指标体系;另一种是基于战略分解所得到的 KPI 指标体系。两者并非对立的,而是以"职位"为交叉点,形成互相补充的关系。

1)基于工作分析的考核指标体系

考核指标设计过程示意图如图 2-25 所示。

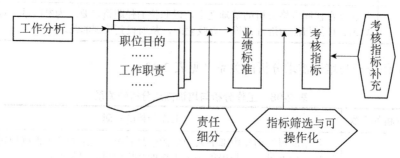

图 2-25 考核指标设计过程示意图

根据图 2-25 可以看到基于工作分析的考核指标设计过程,实际上是根据工作分析确定各个职位的工作目的和职责,然后根据职责所达到的目标提取针对每一项职责的业绩标准,对得到的业绩标准进行进一步的筛选和可操作化,形成该职位的考核指标。该过程主要包括三步:一是对业绩标准进行筛选;二是操作化处理;三是其他方法的补充。

筛选主要是为了将任职者的资源和努力集中到符合组织目标,能真正创造价值的方向上来,排除那些非关键性的,不可衡量和难以收集信息的指标。

操作化是指将业绩标准转化为可以衡量的具体指标。主要包括四个方面,如表 2-99 所示。

表 2-99 业绩标准操作化的具体方面

操作化的具体方面	内　容
考核指标的计算方式	对于硬指标,可以用数学公式来进行计算。如客户投诉率=客户的投诉人次/客户总数×100%;对于软指标,需要对指标的内涵进行细化的界定。如财务报告的质量,包括财务报告的正确性、信息充分性、可读性与对业务的指导意义
考核指标的信息收集的方式和来源	确定对指标进行衡量时需要收集哪些方面的信息,信息的提供者是谁,通过什么样的工具和表格来收集信息

续表

操作化的具体方面	内 容
考核指标的权重	确定每一个指标在整体考核结果中的百分比权重。在确定指标的权重时，往往需要考虑以下几方面的因素：①指标的重要性：即指标对该部门整体业绩的贡献率，贡献率越高，指标越重要，权重越高。②部门可控性：部门可控性较小的指标（主要承担连带责任），权重不能太高。③指标的可衡量性：可衡量性越好，指标的权重要相应调高
确定指标的等级定义	指标的等级定义指的是指标在不同业绩水平下的不同表现。一般来讲，考核指标可以划分为 5 个等级：S——优秀，A——良好，B——合格，C——需改进，D——不合格

通过将前面几个步骤的成果进行综合，可以形成考核指标的操作细则表，如表2-100所示。在操作细则表中，明确规定了指标的定义、计算公式、权重、被考核者与等级定义、信息收集的来源，从而可以为指标的具体操作提供有效的指导。

表 2-100 考核指标操作细则表

指标名称	客户投诉率				
指标定义	客户投诉的人次与客户总数的比较				
计算公式	客户投诉人次/客户总数×100%				
指标权重	15%				
被考核者	客户服务部经理				
数据来源	客户投诉记录、客户档案				
等级定义	5	4	3	2	1
	0.35%	0.30%	0.25%	0.20%	0.15%

通过职位分析确定的考核指标，仅成为该职位考核指标的一部分。除此之外，还需要通过其他办法来对考核指标进行补充。

2）基于战略分解所得到的 KPI 考核指标体系

随着全球化和知识经济时代的到来，越来越多的企业开始认识到战略的实施与传递对企业成功的关键作用。因此，一种新的考核指标体系——关键业绩指标（KPI）考核指标体系，越来越受到现代企业的重视。

（1）KPI 的主要特点。

① 战略导向：KPI 指标直接来自于对组织的目标和战略的分解，更加有利于实现对战略的传递与落实。

② 定量化：KPI 指标更加强调指标的定量化。

③ 集中化：KPI 指标更加集中于业绩的关键点：越是基层的职位，其 KPI 越少，有的职位只有 1～2 个 KPI，有的职位甚至没有 KPI。

（2）工作分析与 KPI 体系的关系。工作分析与 KPI 体系的关系如表 2-101 所示。

表 2-101　工作分析与 KPI 体系的关系

职　位	操　作	原　因
中高层职位	以 KPI 为主的考核体系，不再需要依靠工作分析来进行考核指标的补充	有利于强化部门领导的决策权威，提高直线指挥系统的效率。同时，由于高层职位负责领域宽广，直接通过 KPI 便能抓住其主要的工作业绩
基层职位	KPI、职位分析、临时任务三者结合的考核体系	基层职位，其负责领域较为狭窄，与组织战略的关系较为疏远。同时，对于很多基层职位而言，基于战略的 KPI，其内容往往已经包含于职位分析所得到的考核指标中。此外，对于很多基层职位，还存在着较多的临时任务，这部分内容也必须形成考核指标，纳入到该职位的考核体系中。这样，基层职位就形成了三位一体的考核指标体系——KPI、职位分析、临时任务考核体系

2．工作分析与绩效评估的关系

绩效评估主要包括由谁进行评估、多长时间评估一次、评估的信息如何收集、采取什么样的方式进行评估等。针对不同类型的职位，评估的方式也不一样。例如，有的主管人员下达任务指标并一步一步地进行控制，那么其任职者的工作绩效应该主要由主管人员进行评估；而有的职位的工作性质是较多地与客户打交道，那么其任职者的工作绩效的评估就需要考虑客户的评估，而不仅仅是由主管人员进行评估。

图 2-26 所示为一个由工作说明书整理出来的某公关宣传部经理的工作关系图。

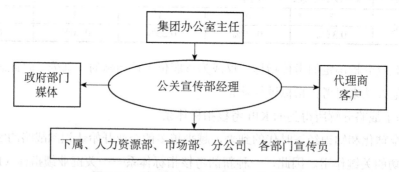

图 2-26　某公关宣传部经理的工作关系图

3．工作分析与绩效管理方式的关系

工作分析时，不仅要明确工作职位的职责，也要对工作职位的特性进行分析，以便不同的特性的职位应采用不同的绩效管理方式。员工的绩效是员工外显行为表现，这种行为表现受很多因素的影响。绩效管理应有区别的对待，对不同职位的员工要采取不同的绩效管理方式。

五、工作分析在薪酬管理中的应用

在今天的社会中，货币或者物质成了组织激励员工的主要手段。薪酬或者工资的多少很大程度上决定了组织人员的稳定性和积极性,也就决定了组织的绩效水平。薪酬管理是人力资源管理中一个非常重要的部分。

1. 薪酬体系设计的四原则

现代企业的薪酬体系设计有四条基本的原则:内部一致性原则、外部竞争性原则、激励性原则与可行性原则,如表 2-102 所示。

表 2-102 薪酬体系设计四原则

原则	薪酬技术	目标
内部一致性原则	职位分析,职位描述,职位评价,内部工作结构	效率 ● 业绩导向 ● 全面质量 ● 客户导向 ● 成本控制
外部竞争性原则	市场界定,市场调查,政府政策,报酬结构,预算	
激励性原则	年资基础,绩效基础,激励导向,激励计划	
可行性原则	计划,预算,沟通,评估	公平 协调

其中,内部一致性原则指的是企业的薪酬结构应该具有可比性,即通过职位之间的横向比较和纵向比较,使每个员工的报酬与其职位本身的价值相一致。内部一致性原则的薪酬结构必须建立在科学的职位评价的基础之上。

2. 薪酬体系设计流程

薪酬体系的设计遵循一定的流程,图 2-27 是一个典型的薪酬体系设计的流程图。

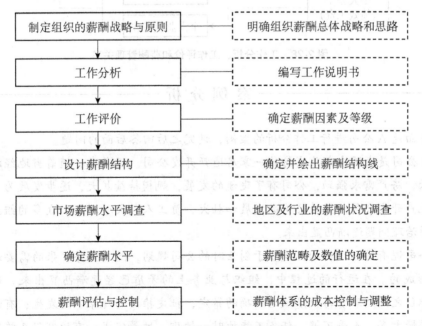

图 2-27 薪酬体系设计的流程图

从图 2-27 可以看出，薪酬管理从制定组织的薪酬战略与原则开始，然后进行工作分析，在工作分析的基础上进行工作评价，对组织内部的各个岗位进行等级或量值衡量，以确保各个职位的相对价值。再根据工作评价的结果将所有的岗位划分为一定的工资等级，建立薪酬结构。接着进行薪酬调查，通过各种方式了解市场的薪酬水平，特别是那些与本组织进行竞争的人才类型的市场劳动力价格。通过对比将组织内的岗位的相对价值用薪酬的绝对值水平来表示，确定薪酬水平。最后对薪酬结构中特殊岗位进行调整，以保持组织内薪酬的吸引力和成本的合理性。

3. 工作分析、工作评价与薪酬管理

工作评价是保障薪酬体系内部一致性的重要工作，目的是衡量工作岗位在组织中的相对价值大小，通过提取内化在工作中的知识、技能、贡献以及外在环境和条件等要素，采用不同的评价方法，结合外部市场调查获得薪酬水平，建立不同的等级结构，形成组织的薪酬系统，工作分析、工作评价和薪酬管理关系如图 2-28 所示。

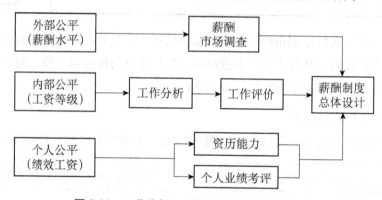

图 2-28　工作分析、工作评价和薪酬管理关系

案 例 分 析

下面是 A 公司进行工作分析的案例，读完之后回答后面的问题。

A 公司是我国中部某省份的一家房地产开发公司。近年来，随着当地经济的迅速增长，房产需求强劲，公司有了飞速的发展，规模持续扩大，逐步发展为一家中型房地产开发公司。随着公司的发展和壮大，员工人数大量增加，众多的组织和人力资源治理问题逐渐凸显出来。

公司现有的组织机构，是基于创业时的公司规划，随着业务扩张的需要逐渐扩充而形成的。在运行的过程中，组织与业务上的矛盾已经逐渐凸显出来。部门之间、职位之间的职责与权限缺乏明确的界定，扯皮推诿的现象不断发生；有的部门抱怨事情太多，人手不够，任务不能按时、按质、按量完成；有的部门又觉得人员冗杂，人浮于事，效率低下。在人员招聘方面，用人部门给出的招聘标准往往含糊不清，招聘主管无法准确地加以理解，使得招来的人大多差强人意。同时目前的许多岗位不能做到人事匹配，员工的能力不能得以充分发挥，严重挫伤了士气，影响了工作的效果。公司员工的晋升以前由总经理直接做出决策，现在公司规模大了，总经理几乎没有时间来与基层员工和部门主管打交道，基层员工和部门主管的晋升只能根据部门经理的意见来实行。而在晋升中，上级和下属之间的私人感情成了决定性的因素，有才干的人往往并不能获得提升。许多优秀的员工由于看不到自己未来的前途，而另谋高就。在激励机制方面，公司缺乏科学的绩效考核和薪酬制度，考核中的主观性和随意性非常强，员工的报酬不能体现其价值与能力，人力资源部经常可以听到大家对薪酬的抱怨和不满，这也是人才流失的重要原因。

面对这样严峻的形势，人力资源部开始着手进行人力资源管理的变革，变革首先从进行工作分析、确定职位价值开始。工作分析、工作评价究竟如何开展，如何抓住工作分析、工作评价过程中的要点，为公司本次组织变革提供有效的信息支持和基础保障，是摆在 A 公司面前的重要课题。

首先，他们开始寻找进行职位分析的工具与技术。在阅读了相关的基本职位分析书籍之后，他们从其中选取了一份职位分析问卷，来作为收集职位信息的工具。然后，人力资源部将问卷发放到了各个部门经理手中，同时他们还在公司的内部网上也上传了一份关于开展问卷调查的通知，要求各部门配合人力资源部参与问卷调查。

据反映，部分问卷在下发到各部门之后，一直搁置在各部门经理手中，并没有分发下去。很多部门是直到人力资源部开始催收时才把问卷发放到每个人手中。同时，由于大家都很忙，很多人在拿到问卷之后，没有时间仔细思考就草草填写了事。还有很多人在外地出差，或者任务缠身，自己无法填写，而由同事代笔。此外，据一些较为重视这次调查的员工反映，大家都不了解这次问卷调查的意图，也不理解问卷中那些生疏的术语。很多人想就疑难问题向人力资源部进行询问，可是也不知道具体该找谁。因此，在回答问卷时只能凭借个人的理解来进行填写，无法把握填写的规范和标准。

一个星期之后，人力资源部收回了问卷。他们发现，问卷填写的效果不太理想，有一部分问卷填写不全，一部分问卷答非所问，还有一部分问卷根本没有收上来。辛劳调查的结果却没有发挥它应有的价值。

与此同时，人力资源部也着手选取一些职位进行访谈。但在试着谈了几个职位之后，发现访谈的效果也不好。因为，在人力资源部，能够对部门经理进行访谈的人只有人力资源部经理一人，主管和一般员工都无法与其他部门经理进行沟通。同时，由于经理们都很忙，能够把双方凑在一块，实在不容易。因此，两个星期过去之后，只访谈了两个部门经理。

人力资源部的几位主管负责对经理级以下的人员进行访谈，但在访谈中，出现的情况却出乎意料。大部分时间都是被访谈的人在发牢骚，指责公司的治理存在问题，抱怨自己的待遇不公等。而在谈到与职位分析相关的内容时，被访谈人往往又言辞闪烁，顾左右而言他，似乎对人力资源部的访谈不太信任。访谈结束之后，访谈人都反映对该职位的熟悉还是停留在模糊的阶段。这样持续了两个星期，访谈了大概1/3的职位。人力资源部经理认为不能再拖延下去了，因此决定开始进入项目的下一个阶段——撰写职位说明书。

可这时，各职位的信息收集却还不完全，怎么办呢？人力资源部在无奈之中，不得不另觅他法。于是，他们通过各种途径从其他公司中收集了许多职位说明书，试图以此作为参照，结合问卷和访谈收集到的一些信息来撰写职位说明书。

在撰写阶段，人力资源部还成立了几个小组，每个小组专门负责起草某一部门的职位说明书，并且还要求各组在两个星期内完成任务。在起草职位说明书的过程中，人力资源部的员工都颇感为难，一方面不了解别的部门的工作，问卷和访谈提供的信息又不准确；另一方面，大家又缺乏写职位说明书的经验，因此，写起来都感觉很费劲。规定的时间快到了，很多人为了交稿，不得不急急忙忙，东拼西凑了一些材料，再结合自己的判定，最后成稿。

最后，职位说明书终于完成了。人力资源部将成稿的职位说明书下发到了各部门，同时，还下发了一份文件，要求各部门按照新的职位说明书来界定工作范围，并按照其中规定的任职条件来进行人员的招聘、选拔和任用。但这却引起了其他部门的强烈反对，很多直线部门的治理人员甚至公开指责人力资源部，说人力资源部的职位说明书是一堆垃圾文件，完全不符合实际情况。

于是，人力资源部专门与相关部门召开了一次会议来推动职位说明书的应用。人力资源部经理本来想通过这次会议来说服各部门支持这次项目。但结果却恰恰相反，在会上，人力资源部遭到了各部门的一致批评。同时，人力资源部由于对其他部门不了解，对于其他部门所提的很多问题，也无法进行解释和反驳，因此，会议的最终结论是，让人力资源部重新编写职位说明书。后来，经过多次重写与修改，职位说明书始终无法令人满意。最后，职位分析项目不了了之。

人力资源部的员工在经历了这次失败后，对职位分析彻底丧失了信心。他们开始认为，职位分析只不过是"雾里看花，水中望月"的东西，说起来挺好，实际上却没有什么大用，而且认为职位分析只适合西方国家的那些先进的大公司，拿到中国的企业来，根本就行不通。原来雄心勃勃的人力资源部经理也变得垂头丧气，但他却一直对这次失败耿耿于怀，对项目失败的原因也是百思不得其解。

那么，职位分析真的是他们认为的"雾里看花，水中望月"吗？该公司的职位分析项目为什么会失败呢？

问题：

1. 该公司为什么决定从工作分析入手来实施变革？这样的决定正确吗？为什么？

2. 该公司在实行工作分析中采用了哪些工作分析的基础性方法？主要存在哪些问题？

3. 你认为这次工作分析项目失败的关键在哪里？应该如何在今后的工作中避免类似情况的发生？

第三章
工作设计实务导论

学习目标：
- ◆ 掌握工作设计的定义
- ◆ 熟悉工作设计的内容
- ◆ 熟练工作特征模型

第一节 工作设计概述

一、工作设计的定义

工作设计也叫岗位设计或职务设计，它是指通过对工作内容、工作职责、工作关系和工作结果的调整与配置，以满足员工的需要，从而提高其工作绩效，有效达成组织目标。在实际工作过程中，员工发现有些工作环节并不是他们所喜欢的，有些环节则驾轻就熟，做起来得心应手，而对另一些员工来说情况则可能恰恰相反。可见，员工对现实工作往往根据其自身的特点和工作的特征对工作有一定的需求。如果能对工作进行适当的调整和配置以满足员工的需求，从而提高员工的工作积极性和工作效率，将对于提升组织绩效有非常重要的积极意义。工作设计是基于以人为本的管理理念，有利于以人为本的组织文化的形成。

同时，工作设计的另外一个动因是工作所面临的动态环境的加速变化。新技术的不断革新，市场竞争的不断加剧，工作中所涉及技术的变化，以及员工对于职业生涯的发展不断提出的新的要求，这些因素促使组织需要对工作进行设计或再设计。为了达到上述要求，组织需要对工作内容、职责、权限和工作关系等各个方面进行设计和整合，这个过程就是工作设计。

二、工作设计的内容与作用

（一）工作设计的内容

工作设计的内容如表 3-1 所示。

表 3-1　工作设计的内容

内　　容	内　容　描　述
工作内容	工作设计要调整的第一项内容就是工作内容，包括工作的广度（多样性）、工作的深度、工作的完整性、工作的自主性和工作的反馈情况
工作职责	工作职责是指完成每项工作的基本方面和要求，包括对工作责任、权限、信息沟通、工作方法和协作关系的要求
工作关系	工作设计中一个重要的调整对象是工作之中的人际关系，包括上下级之间、同事之间、部门之间以及组织之间的关系
工作绩效要求及员工的反应	工作绩效要求是指完成工作所要达成的数量、质量及时间目标；员工的反应是指员工的工作满意度、出勤情况和留职意愿等

续表

内　　容	内　容　描　述
工作结果的反馈	工作后员工给出的反馈及其他相关人员给该员工的反馈
员工的想法	工作设计还需要考虑的是在岗人员对其所在的岗位的工作内容、职责关系、绩效水平、工作要求等维度的意见与想法

（二）工作设计的作用

工作设计的作用如表 3-2 所示。

表 3-2　工作设计的作用

作　　用	内　容　描　述
工作设计改变了员工与岗位关系是一成不变的潜在假设	工作设计将岗位的要求与员工的生活习惯、工作偏好结合起来，在对员工进行精挑细选的基础上，达到人岗匹配。这改变了过去片面强调通过招聘适合的人才去匹配岗位的观念，认为岗位也应通过合理的设计促使员工更有效率地工作
使员工具有积极上进的态度	工作设计不是改变员工的态度，而是假定在工作得到适当的设计后，员工积极的态度就会随之而来
有利于改善人际关系	工作的合理设计有利于提高员工的敬业度，抱怨和人际摩擦也因此减少，有利于改善人际关系
提升工作的乐趣	通过工作的合理设计，提升员工工作的乐趣，提高员工的工作效率和创造能力
使工作职责更加分明	职责分明的工作设计大大提高员工的工作积极性，从而提高员工的工作绩效

三、工作设计的影响因素及原则

（一）工作设计的影响因素

工作设计的影响因素如表 3-3 所示。

表 3-3　工作设计的影响因素

影响因素	内　容　描　述
环境因素	工作设计需要考虑人力资源的情况，确保能够找到足够数量的合格人员从事所设计的工作。同时要了解社会的整体期望，考虑人们的社会需求和精神需求
组织因素	工作设计需要考虑专业、合理、高效的工作流程，同时兼顾传统的工作方式和工作习惯
行为因素	工作设计需要考虑员工技能的多样性、任务的同一性、任务的重要性、工作自主性和工作反馈情况

（二）工作设计的原则

工作设计时要遵循的原则如表 3-4 所示。

表 3-4　工作设计的原则

原　　则	内　容　描　述
因事设岗	岗位的设置要根据组织的发展、工作的内容来进行设置，要按照组织各部门的职责范围来划定岗位，而不能因人设岗；岗位和人应是设置和配置的关系，而不能颠倒过来。在设计工作岗位时，应尽可能使工作量达到饱和，使有效的劳动时间得到充分利用
岗位数最少	在设置岗位时，数量要尽可能少。一方面要最大限度地节约人力成本；另一方面要尽可能地降低岗位层级之间信息传播的耗损
规范化	工作设计的用语要尽可能做到规范化，同时，岗位设置的数量和名称要符合科学的规范，要让人一看就明白岗位的含义
系统化	岗位的设计要遵循系统化的原则，使得岗位与岗位之间的关系不是孤立的，而是相互联系、不可分割的。在设计时要注意岗位之间的承接关系和协作关系，明确岗位的监督状况，明确其晋升通道
动静结合	企业一方面要获得稳健的发展；另一方面也要不断顺应社会的变化。所以对于基础性的、变化不大的岗位可以使用静态为主的方法，对于与市场接触较多，容易变化的岗位或部门要使用动态的设计方法，在适当的时候进行变化
优化工作环境	工作设计要充分考虑工作环境的优化，使之适合员工的心理，保障员工的心理安全健康，建立起人与环境相适应的最优系统

第二节　工作特征及工作特征模型

一、工作特征

为了弄清楚工作本身是如何产生激励效应和促进工作满意感的，管理学家哈克曼、奥德海姆和他们的同事对工作的特征进行了深入的研究。他们认为任何工作都可以用 5 个核心特征来描述，这 5 个特征分别为：

（1）技能多样性：表示工作对不同类型活动的需求程度，以及由此决定的对员工所应具备的技能要求的多样化程度，指的是完成一项工作是需要多种技能还是只需要单一的技能。

（2）任务完整性：任务的完整性也叫任务的同一性，指的是单个员工所做的工作是属于整个任务中的某个环节还是所有环节。

（3）任务重要性：即所做的工作对组织内外其他人的工作和生活产生的影响程度，该特征与前面两项特征结合在一起就形成了工作者所体验到的工作意义。

（4）工作自主性：即个人能够自主地安排自己工作进度的程度，这个工作特征决定着工作者对自己工作的责任感。

（5）工作反馈：即对照标准、目标、要求等所做的情况反映，工作反馈分为正面反馈、发展型反馈，工作反馈要注意处境、任务、行动、结果等要素。

二、工作特征高低的例子[①]

下面是描述 5 个工作特征高低的例子。

1. 技能多样性

（1）高：小型汽车修理厂的所有者和经营者。他们的工作内容主要包括：进行电子维修、装配发动机、做一些体力劳动、与顾客沟通、收款并记账、采购零配件等。

（2）低：汽车制造公司装配线上的工人。他们只负责装配汽车中的座椅，所需要的技能只是搬运物体和拧紧螺丝。

2. 任务完整性

（1）高：个体裁缝店的裁缝。他们需要完成设计图样、裁剪、缝纫、添加饰品等制作一件衣服的全部工作。

（2）低：服装厂流水线的工人，他们只负责为每件衣服钉上商标。

3. 任务重要性

（1）高：医院里危重病房的护理人员。

（2）低：医院里的擦地板人员。

4. 工作自主性

（1）高：推销员。他们可以自己决定会见客户的日程安排，以及会见客户的方式，独立自主地完成销售活动。

（2）低：超市的收银员。他们必须在规定的时间内、在指定的工作岗位上将顾客选购商品的价钱输入收款机，收钱并找回多余的钱，对工作程序和时间安排不得进行改动。

5. 工作反馈

（1）高：电子产品工厂中进行电子元器件安装，然后进行检测了解其性能的工人。

（2）低：电子产品工厂中进行电子元器件安装，然后将产品交给检验员进行检测的工作。

[①] 郑晓明，吴志明. 工作分析实务手册. 北京：机械工业出版社，2002：278-279.

三、工作特征模型

近年来，人性化工作设计理念的出现使得工作设计焕发了新的生机，它为系统性、丰富化与扩大化的工作设计提供了便于使用的设计工具，工作特征模型就是其中著名的工作设计工具。工作特征模型的逻辑在于通过对五类工作特征的分析，把握员工的关键心理状态，以达到较好的人员与工作成果。工作特征模型如图 3-1 所示。

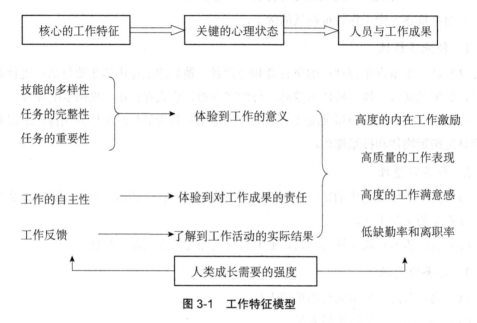

图 3-1　工作特征模型

1. 心理状态的含义

由图 3-1 可以看到，五个核心的工作特征会使员工产生以下三类心理状态。

（1）体验到工作的意义。体验到工作是有意义的、是很重要的或很值得去做的。当处于这种心理状态时，员工就会有很强烈的工作动机。

（2）体验对工作成果的责任。体验到个人对工作业绩、工作成果所肩负的责任，对责任的强调有利于提升员工对工作成果的关注和员工负责任的态度。

（3）了解到工作活动的实际结果。通过工作反馈，员工得到了关于自身工作所产生的活动的实际反馈结果，有利于员工随后工作的开展。

2. 员工之间的差别

一项工作所具备的核心工作特征越全面，该项工作的激励作用就越大。但是，事实证明，员工自身素质对其心理状态也有着明显的调节作用，员工之间的差异影响着个人对工作特征的知觉，因此也影响到个人和工作的结果。具体来说，有以下几个方面。

（1）知识与技能。具有较高水平的与任务有关的知识和技能的员工，一旦从事有较高激励潜能的工作，其结果是既把工作做得很好，又受到了激励、得到了满足，产生良性循环。

（2）发展需要的强度。发展需要是指个人的成就感、学习欲望及成长发展需要。具有较强发展需要的个人会对激励潜能较高的工作做出更积极的响应。

（3）其他外在因素的满足情况。工作本身的性质不是影响个人动机的唯一因素，许多其他重要的外在因素，如工资、监督和工作环境等也影响着员工的工作动机和满意的程度。如果个人对这些外在因素极为不满，那么，工作设计所产生的较高水平的动机和满意感将会被抵消。

四、工作特征模型在工作设计中的应用

1. 工作特征及员工心理状态调查

首先，对工作特征及员工心理状态进行调查。表3-5是关于工作特征及员工心理状态的调查量表，通过此量表有利于工作设计人员把握工作的各项特征，以通过工作的设计来调整工作配置从而适应员工的心理状态，达到良好的人员与工作结果。

表3-5 工作特征及员工心理状态调查量表

序号	问题	实际情况	希望情况
1	你的岗位在多大程度上能让你每天都做很多不同的工作，工作经常有些什么变化		
2	在完成自己的工作时，你有多大程度的自主权		
3	要是别人不对你说，你能在多大程度上判断自己的工作做得怎么样		
4	在多大程度上，你觉得自己只是一部大机器上的一个小零件		
5	在多大程度上，你的工作是别人干完后，你才接着干下去		
6	在你的职位上，工作有多大的多样性		
7	在工作时，你能在多大程度上不被领导而独立行事		
8	看到了工作结果，你能很清楚地了解你的工作干得怎么样吗		
9	你的工作对整个工作单位的重要性有多大		
10	在多大程度上你能看到工作任务从头到尾完成的全过程		
11	多大程度上你的职位要求你整天反复做同一种工作		
12	你有多大的自由可以决定自己用什么样的方式来进行工作		
13	工作本身能在多大程度上告诉你工作做得好坏		
14	你在多大程度上能感到自己是在为单位做出有意义的贡献		
15	你干的工作在多大程度上是别人已经开过头的		

此调查量表在运用时可按如下指导语来指导员工填表：

下面这些问题与你目前的工作特点有关，请就每一道题目根据你的实际情况进行选

择。对每一道题目都请你做出两次评定，第一次是针对你目前工作的实际情况进行选择，第二次是按照你所希望的情况进行选择。

针对每一个问题，都按照以下五个等级来进行评定。

5——很大程度或具备很多这种特征。

4——较大程度或具备较多这种特征。

3——中等水平。

2——较小程度或具备较少这种特征。

1——很小程度或具备很少这种特征。

由于涉及员工自身的态度，要注意调查的匿名性及保密性。

量表中五个工作特征的分布如下（注：负号代表反向（负向）计分）。

技能多样性：题目1，6，-11

任务完整性：题目10，-5，-15

任务重要性：题目9，14，-4

工作自主性：题目2，7，12

工作反馈：题目3，8，13

此调查量表是通过对组织中导致工作效率低下的相关因素的定性分析，来诊断原工作设计中的问题，这些问题可以概括成以下5点。

（1）工作检查人员是专职人员还是员工本人。若是专职人员，将削弱员工工作的自主性和得到反馈信息的直接性。

（2）修理员是员工自己还是专职人员。专职修理员的存在，将减少很多令员工兴奋和具有挑战性的工作，这将会降低任务的完整性、工作的自主性和反馈信息的直接性。

（3）客户服务（关系）部是否存在。若有专门的客户服务部，它将割断员工和客户的直接联系，降低任务的完整性和反馈信息的直接性、及时性和准确性。

（4）员工互助团队是否存在。若存在员工互助团队，团队内一般都存在分工，这将破坏个人任务的完整性和个人对任务的拥有感。

（5）控制幅度的大小。若控制幅度小（如5～7人），主管就会过问下属日常工作的细节，不利于员工发挥工作的自主性。

2. 工作设计策略

在调查的基础上，要使五个核心工作特征形成3个主要心理状态，企业组织就必须运用以下5个策略。

（1）形成自然工作单位，对工作项目的划分要符合工作的自然组合特点。把员工从事的工作安排成有逻辑或内在联系的类别。形成自然工作单位的依据可以是地理位置、企业类型、组织单位和顾客群。

（2）合并多项工作。在实际情况许可的情况下组成较大的工作单位，寻求规模效益。

（3）与顾客建立联系。确定谁是用户，并让员工直接与工作的接受者或客户联系，且明确产品的鉴定标准和质量。

（4）纵向分配工作，缩小计划、实施和控制工作这三个过程之间的距离。

（5）开通反馈渠道，建立直接生产过程与用户的联系，对工人生产进行严格质量控制，并对工作情况进行总结。

企业组织可以根据各种方法来诊断每项工作所存在的问题，如工作核心特征及心理状态或工作对员工的影响，员工个人成就要求强弱等，找出相应的解决办法来进行工作设计更新并维持工作的高效率。同时企业组织在工作设计过程中，要充分做到体现员工价值和提高工作积极性，使员工和工作的结合有好的预期效果。

第三节　工作设计中常见的六种错误

一、工作量不足

在工作设计中，最大、最常见的错误就是设计的工作量不足。很多人的工作任务太轻微了，他们没有得到合理的安排，这种错误是造成员工挫败感和生产率低下的主要原因。当然，也有喜欢轻松工作的员工，但这种员工迟早都要被清除。

因为工作量不够充足，员工们经常在 15:00 就完成了他们的工作，以至于他们根本不用考虑如何让自己的工作变得更有效率、如何提高自己的生产率或者如何进行授权等问题，这对他们并没什么好处。

工作量必须充足，必须能够给人们带来充分的挑战。从个人利益来看，人们应该"努力"一下才能完成当天布置的任务，这才会导致个人进步，焕发人们的潜能，并且激发人们去思考如何才能有效地工作。工作设计正是实现这种想法的工具。

现在有很多关于减少管理层级的讨论，人们是否应该成为其他人的下级成了一个值得怀疑的问题。事实上，在完善的公司组织中，控制雇员的主要是工作任务，而非管理者。在未来，人们将不必忍受上司的管理，越来越多的人会积极地寻找这种组织并加盟它们，至少优秀的雇员会这么做。

之所以说工作量不足是工作设计中最大的错误，是因为这类错误不易被人察觉，因此也就难以改正，导致了雇员资源浪费。只有最好的雇员才会告诉经理：他们的工作量不足以让自己兴奋起来，他们愿意承担更多一些的工作。

二、工作量过大

工作设计也有可能会犯与前面相反的错误，即工作量过大。正如前面提到过的，人们能够承受稍微繁重一点的工作，虽然这么做并不简单，大多数人很快就会给自己制定工作量上限。

人类的整个历史发展过程证明，人们可以承受远比他们想象得多得多的任务。就如没有哪项运动纪录可以永远保持下去，它们总是会被打破。人们反复地超越自我，有能力做出他们难以想象的表现。显然，工作表现本身及工作结果是员工最大的动力源泉。所以，工作量必须充足。

当然，工作量也有一个界限，超过这个界限员工就做不到了。工作量过大当然是一种错误，但非常重要的是，这种错误比较容易发现并得到纠正。发生这种错误时会出现以下几种迹象：雇员总是到截止日期还完不成任务、出现错误或是很草率地完成一项工作。在这种情况下，他们迟早会向经理抱怨工作过于繁重。

工作量不足是"不可饶恕的重罪"，工作量过大则是"可以饶恕的罪行"。

三、缺乏实质性工作内容

这类错误在中小型企业中很少出现，但它是大型企业的一种"流行病"。几乎每种被称作"助理"或"协调人"的职位都是没有实质性内容的。当然也有例外，但非常少。很多行政人员都属于这类职位，然而，行政人员并非没有实质性工作，只是因为这些职位没有多少事做——行政人员和助理通常都很努力工作。

因此问题变得复杂化了，他们从事的不是真正的工作，因为他们既对工作产生重大影响，又完全不承担责任，这是一个非常可怕的组合。

不承担责任，一项任务就会缺少重要的核心元素。这种组合会腐化任职于此类岗位的人，并且腐化整个组织，对精神和道德都有负面影响。当组织中所有的雇员都清楚地知道怎样巧妙地应对这些人，却对问题避口不谈时，又会再一次对组织造成不利影响。

所以，这类岗位必须减到最少。另外，不能让员工在这样一个职位上工作满两年，最多不超过三年，之后必须把这名员工派往一线，并承担明确的责任。

四、多人参与同一项工作

矩阵组织总是特别容易导致多人共同参与一项工作的情况迅速增加。这类情况经常要依靠合作与协调，因此在做工作之前，总是需要先找几位同事来商量，并且召开许多会议。经验证明，这种形式并不能发挥应有的作用，或者说，只有在满足最严格的条件时它们才能发挥应有的作用。

正确的原则应该是：在进行工作设计时，要保证一项任务能让一个人完成或由这个人所处的部门完成。我知道，要遵守这项原则是很困难的，并且无法做到完全坚持这项原则。但是，这项原则给出了一个正确的标准，并且明确抵制了"所有事情都是相关联的"这一时兴观点。凡是能够分开的工作，就应该分开。不合理的相互联系是导致工作复杂程度增加的主要原因。如果多人参与一项工作是必要的，那么必须把这项工作委托给富有经验、能够自律的人。

五、"几乎包含一切"的工作

这类工作会强迫人们分散精力、浪费精力，让工作已经很繁忙的人累得趴下，却不能取得任何成果。在当今复杂的组织中，"一个人对应一个上司"的规则也许已经不再适用了。可以将其改变成：一个人对应一种工作——一种工作量适度超出个人能力的工作。

人们需要为取得成果而集中注意力。就像外科医生在做一个心脏手术时要全神贯注，完全专注于这项工作任务；他不会离开去接一个很短的电话或者去参加一个会议。任务必须足够重要，并且能够迫使人们把注意力集中在一件事情上。这是取得成果的最简单的方法，对于知识工作者而言，这也是唯一的方法。

六、"要命"的工作或无法完成的工作

工作有时会要一个人的命，当然这是字面意思和比喻。这并不是因为一个人的工作太多了，而是因为这种工作提出的要求非常多，并且相关要求涉及一个很宽的范围，普通人根本无法全部满足这些要求。组织中偶尔会有能应付此类工作的天才，但这是例外情况。在进行工作设计时，必须把它设计成普通人可以从事的工作，尽管这很困难。

出现这种错误的一个标志是：当一位管理者在某个具体职位上先后用了两三个经过仔细筛选的优秀下属，但他们都失败了。到第三个人时，失败的原因就不应该再从个人身上找了，而是应当对工作进行调整。

尽管笔者知道中小型公司不大容易接受这一点，因为它们经常犯这种错误。"要命"的工作的一个典型例子就是把营销与销售放在同一个职位上。销售与营销是两个在本质上完全不同的任务，销售是说服人们在销售合同上签字，而营销在本质上是改变人们头脑中的观念。它们需要的能力也不一样，很少有人能同时拥有这些能力。

这种工作设计不当所造成的后果就是：一个人在销售方面表现出色，但在营销方面十分糟糕；或者相反，在营销方面十分精通，在销售方面却很糟糕；更常见的是既不擅长营销，也不擅长销售。这三种情况各不相同，但肯定都会毁灭一个公司。只是毁灭公

司所用的时间有所不同而已。

现在,让我们把目光从错误上移开,转向积极的方面。工作量必须充足;它们必须使人们集中精力;必须有内在的相关性,而不能是简单的非相关工作的集合;必须让相关目标能够达到;必须根据普通人的能力设计工作。

案 例 分 析

索引卡片穿孔部门负责将书面的或打印的保险文件转变为计算机卡片。这个部门有98名穿孔员和核对员(职务等级相同)、7名调度员和5名监督人员。2名穿孔监督员各监督25名穿孔员,2名核对监督员也是各负责25名左右核对员,而1名调度监督员则管理全部7名调度员。所有这些监督员都向一位副经理汇报工作,而副经理则向部门经理汇报工作。

这个部门工作量多少不等,从几张卡片到2 500张卡片。有些工作已经预先计划好,另一些必须立即完成的急件则有限定期限。所有的活儿都由调度部门收接,并检查原件是否字迹清晰、有明显错误和遗漏。一旦发现任何问题,就向监督人员汇报,由监督人员同用户联系。如果送来的活儿令人满意,调度员就将这些活儿分成若干需1小时完成穿孔工作的部分,从而使每个穿孔员的工作量相等。

调度人员将这些文件送到穿孔部门,并且注明:"照原样穿孔,不管有什么明显的错误,不许更正。"穿孔员无权安排其进度或任务,也很少了解正在穿孔的资料的意义和用途。

由于计时费用昂贵,必须核对所有穿孔操作,即让另一个穿孔员重新穿一遍孔,看两行输入是否一致,所以核对时间和穿孔时间完全一样。核对完后把卡片送给监督人员。如果发现任何错误,就交给有空的穿孔员改正。然后送到计算机部门用计算机程序检查其准确性。卡片和计算机输出结果直接送到文件送交部门,检查卡片和输出结果。如果发现错误,再将卡片送回到监督人员。

这里存在许多激励问题。穿孔员满腹牢骚,员工常常对工作表现出冷漠和明显的敌意,工作效率很低,常常不能按时完成任务;缺勤现象比一般的部门高,尤其是星期一和星期五,监督人员的大部分时间都用来检查工作和解决紧急情况。总之,穿孔部门只是勉强完成任务而已。

问题:
1. 他们工作的特征是什么?潜在激励总分为多少?
2. 如何丰富索引卡片穿孔部的工作内容?

第四章
工作设计操作实务

学习目标：
- ◆ 掌握工作设计方法
- ◆ 掌握工作设计流程
- ◆ 掌握工作再设计和柔性工作设计
- ◆ 掌握定岗定编定员

第一节　工作设计方法

工作设计的方法有很多,有机械型的工作设计方法,如通过采用分工来提高工作效率,这主要是 20 世纪早期的工作设计方法;还有人类工效学型的工作设计方法,如通过工作的人类工效学分析,尽量使工作设施、工具、环境等与人的工作相协调;而最普遍使用的是基于激励的工作设计方法,它是指通过合理的人员安排、劳动报酬及其他管理策略方面的系统配置,以便使组织需求与员工个人需求获得最佳组合,从而最大限度地激发员工的积极性,有效地达到企业目标。下面进行激励型工作设计主要方法的介绍。

一、工作轮换

工作轮换是指员工定期在一定的工作岗位上进行轮换,以减少持续在一个岗位上的枯燥感,同时也增加员工的技能种类,有利于员工在此过程中找出自己的真正兴趣。轮换工作一般来说是与原工作的要求差不多、技能水平差不多的工作,但也有存在一定差异的工作岗位,目的是为了使员工的能力得到更大的锻炼和提升。

一般来说,工作轮换有两种形式:一种是受训者到不同部门考察工作但不会介入所考察部门的工作;另一种是受训者介入不同部门的工作中。

工作轮换的优缺点如表 4-1 和表 4-2 所示。

表 4-1　工作轮换的优点

优　点	内　容　描　述
丰富工作内容,降低枯燥感	丰富了员工的工作内容,减少工作中的枯燥感,使员工的积极性得到提高
激发组织活力	适时的工作轮换,带动企业内部的人员流动,可以更新组织的寿命,激发组织的活力
为企业储备多样化人才	人才储备首先要求培养复合型人才,通过工作轮换,使员工轮换做不同的工作,以取得多种技能,同时也挖掘各职位最合适的人才
增加员工工作技能	扩大了员工所掌握的技能范围,使员工能够很好地适应环境变化,也为员工在内部的提升打下基础
降低离职率	内部岗位的轮换,使得员工不断有新的挑战机会,从而降低离职的概率

表 4-2　工作轮换的缺点

缺　　点	内　容　描　述
轮岗带来的不适应	工作轮换后,往往由于对业务的不熟悉,而带来不适应感和工作效率下降
培训费用高	工作轮换,由于员工不熟悉,所以很多时候要对员工进行培训
轮岗管理难	工作岗位的轮换是全局性的,往往牵一发而动全身,这增加了管理人员的工作量和工作难度

二、工作扩大化

工作扩大化是指通过增加工作内容,使工作本身变得更加多样化,以提高员工的工作热情。工作扩大化分为纵向工作扩大化和横向工作扩大化,如表 4-3 所示。

表 4-3　工作扩大化的内容及其描述

类　别	内　容　描　述
纵向工作扩大化	扩大岗位的工作内容,增加其工作职责、权利、裁量权和自主性
横向工作扩大化	是指增加属于同阶层责任的工作内容,以及增加目前包含在工作岗位中的权利

由于工作扩大化增加了员工工作的多样性和挑战性,同时免去将产品从一个人手中交付给另一个人的手续,从而节约时间,所以使员工感到更有意义,员工的积极性得到了一定程度上的提高,从而提高了他们工作的效率。

三、工作丰富化

工作丰富化是指提高工作的挑战性和任务的同一性,同时赋予员工更多的职责、决策权和控制权的工作设计方法。它不是横向地增加员工工作的内容,而是纵向垂直地增加员工工作的内容。

一般来说,实现工作丰富化有五种方法,如表 4-4 所示。

表 4-4　工作丰富化的方法

方　　法	内　容　描　述
任务组合	将之前散乱的任务组合起来,形成新的、内容广泛的工作单元,从而增加工作技能的多样性和任务的完整性
建构自然的工作单位	通过让员工对自己的工作进行全面的计划、执行和监控,增加了员工的责任感和归属感
建立员工—客户关系	管理者应当帮助建立起员工与顾客间的直接联系,这样有利于员工得到顾客的直接反馈,从而改进产品或服务
纵向的工作负荷	纵向的工作负荷是指员工不仅要承担执行的任务,而且还要负责管理与监督任务承担更大责任
开通反馈渠道	通过反馈,员工除了可以了解其工作进展,还能了解他们的绩效情况

这五种方法与前文中的五种工作特征之间的关系如图 4-1 所示。

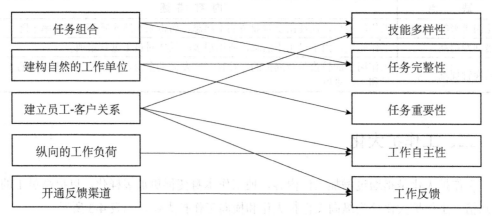

图 4-1　五种方法与五种工作特征的关系

表 4-5 是工作丰富化的一个例子。

表 4-5　工作丰富化（示例）

刚开始的情况	工作丰富化后的情况
每人固定负责两台机器	每人轮换使用机器
当机器发生故障时，操作工让维修工来修理	操作工接受维修问题，负责所使用机器的维修
操作工按照操作手册的规定，调换重要的元件	操作工根据自己的判断来调换零件
工长决定谁干什么活	由 3~5 人组成小组，完成整个的任务工作
检验员和工长检验产品，纠正不符合标准的操作方法	由工作团队对产品进行自我检验
工长对操作工实施监督，对不符合标准的操作予以纠正	建立工作绩效反馈制度，使操作工了解自己的工作情况
在工作流程中个人做单一的作业	通过反馈，员工除了可以了解工作进展，还能了解自身的绩效情况

第二节　工作设计流程

一、需求分析

工作设计的第一步就是对原有工作状况进行调查诊断，以决定是否应进行工作设计，应着重在哪些方面进行改进。一般来说，员工工作满意度下降和积极性较低、工作情绪消沉等情况，都是需要进行工作设计的表现。

二、可行性分析

在确认工作设计之后，还应进行可行性分析。首先应考虑该项工作是否能够通过工作设计改善工作特征；从经济效益、社会效益上看，是否值得投资。其次应该考虑员工是否具备从事新工作的心理与技能准备，如有必要，可先进行相应的培训学习。

三、评估工作特征

在可行性分析的基础上，正式成立工作设计小组负责工作设计，小组成员应包括工作设计专家、管理人员和一线员工，由工作设计小组负责调查、诊断和评估原有工作的基本特征，分析比较后，提出需要改进的方面。

四、制订工作设计方案

根据工作调查和评估的结果，由工作设计小组提出可供选择的工作设计方案，工作设计方案中包括工作特征的改进对策以及新工作体系的工作职责、工作流程与工作方式等方面的内容。在方案确定后，可选择适当部门与人员进行试点，检验效果。

五、评价与推广

根据试点情况对工作设计的效果进行评价。评价主要集中于三个方面：员工的态度和反应、员工的工作绩效、企业的投资成本和效益。如果工作设计效果良好，应及时在同类型工作中进行推广应用，在更大范围内进行工作设计。

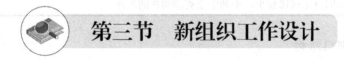

第三节 新组织工作设计

一、新组织的工作设计

新组织的工作设计是一个从无到有，从组织设计到具体的工作设计的过程。组织设计是根据组织目标及工作的需要确定各个部门及其成员的职责、职权范围，确定组织结构的过程。首先要确定企业的战略定位、企业文化等基本问题，确定组织的结构，然后对组织的工作进行细分从而确定岗位，接着就是真正意义上的工作设计：确定工作的性质、职权、职责、任职资格等。

二、新组织的工作分析过程

(一) 分析阶段

组织结构建立前的基础分析必不可少,包括分析组织所处的内外环境,确立组织的宗旨、行业及领域、战略定位、组织文化、核心竞争力等。分析阶段包括组织分析、组织任务分析、业务流程分析。组织分析的对象分为环境和组织目标,即分别针对企业的环境,企业将达到一个什么样的目标,分析组织所处的行业和领域。组织任务分析解决的是即将设立的这个组织的任务是什么的问题。业务流程分析是指根据基础分析和确定的组织任务,工作设计人员需要对业务流程进行分析和设计,确立组织需要一个什么样的业务流程才能高效地完成任务。

(二) 设计阶段

1. 设计组织系统结构

在完成对组织的目标、定位等问题的确立之后,组织的设计人员应该确定组织是应该采取扁平式的结构还是采取锥形结构。这两种结构形态的优缺点如表 4-6 和表 4-7 所示。

表 4-6 扁平式结构优缺点分析

优点	适合于注重研究与开发的、灵活型的组织;组织层次少、管理幅度较大,缩短上下级距离,有利于加快信息纵向流通
缺点	不能严密有效地监督下级,上下级协调较差,同时管理幅度的加大造成同级间互相沟通的困难

表 4-7 锥形结构优缺点分析

优点	组织层次较多,管理幅度小,可以实现有效监督,加强上下级之间的协调性
缺点	员工的自主权比较小,不利于主观能动性的发挥

2. 设计部门结构

根据基础分析和系统结构,将组织任务组合为一个个部门。

(1) 量少而精简的原则。对组织的部门的划分需要遵循量少而精简的原则,在保证组织目标可以有效完成的前提下,尽量设置最少数量的部门。部门设置并非一成不变的,随着组织业务的变化,也要对部门进行适当的增减,实现部门与业务之间的对等关系。

(2) 管理层次。管理层次的设计受到组织规模和管理幅度的影响和限制,通常情况下,层次与组织规模呈正比,与管理幅度呈反比。规模越大的组织层次越多,管理幅度越大的组织层次越少;反之亦然。层次的设计决定了组织中关系网络的复杂程度,当直接指挥的下级数目呈算术级数增长时，主管领导人需要协调的关系呈几何级数增长。其计算公式为：

$$\sum = n(2n-1+n-1)$$

式中：$\sum$——协调的关系数；

n——管理跨度。

（3）注意事项。在部门设置的过程中，业务部门与检查部门应该分开设立，避免检查人员的包庇行为。部门设计中的部门划分和组合、横向协调形式的选择、职权的集中或分散、政策以及规章制度的制定等，都要以经过科学分析、设计并具体分解的各项业务工作为前提。

3. 确定组织机构框架

根据基础分析以及部门划分，调整、平衡工作量，使组织设置更为合理。在组织的总体结构框架确立、部门设置及层次设计好之后，就可以确定组织的详细的组织结构图，图 4-2 为 X 酒店有限公司的组织结构图。组织结构图是用图示的方法显示组织的层次、职能单位、职务间关系、沟通关系以及控制范围等，因其简明、清晰、标准和易懂而被企事业单位广泛采用。

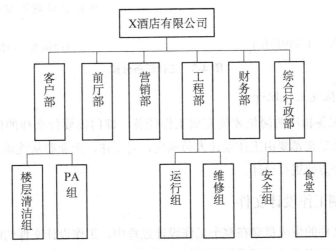

图 4-2　X 酒店有限公司组织结构图

4. 确定部门工作任务

把组织的工作任务按照具体的业务流程进行分解产生部门的工作任务，确立部门的内部结构和部门职责。工作任务的确立是在部门职责的基础上进行的，但部门的划分与工作任务的确立并非严格遵循先后次序，部门的设置也要依据组织的活动和工作任务性质。在某些情况下，甚至是先分析工作任务，再根据工作组合为一个个部门。

5. 任务的分解和设计

确立了组织和部门的工作任务，就需将工作任务继续分解为具体的工作。工作任务分解就是将企业的基本职能细化为独立的、可操作的具体业务活动的过程。在分解的过程中，要考虑到工作的相近性和丰富性。工作任务的分解可采取逐级分解的方法，在企业中，"逐级分解"一般可分为四个层级：工作任务确立所列出的具体职能为一级职能；为完成一级职能而必须开展的多个方面的工作为二级职能；将二级职能继续分解，可具体化为业务活动；业务活动可分为具体的工作，由具体人员来完成。企业设计人员即可利用专门的逐级分解表格来进行工作任务的分解，也可将该表格作为工作任务分解的正式成果之一，如图4-3所示。

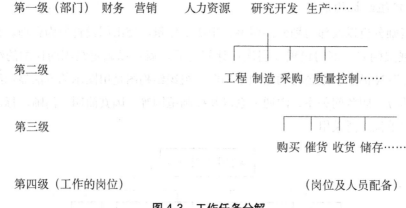

图4-3　工作任务分解

6. 确定岗位及工作职责

部门需要配备相应的岗位才能完成工作任务，部门需要什么样的岗位、岗位的数量、岗位的体系结构都要由工作设计人员确定，对工作，企业要从性质、职权、职责、任职资格等各个方面进行设计。

（三）编制工作设计文件

工作设计文件的生成贯穿在整个工作设计过程中，工作设计文件的编制包括组织任务书、整体组织结构图和岗位关系图、部门组织结构图和部门职责、岗位的工作描述书、职位说明书、任职说明书的生成。图4-4是某酒店设计的岗位关系结构图。

工作设计文件中的工作描述书、职位说明书、任务说明书与前文工作分析形成的文件是一样的格式，只是形成的途径有所不同。工作分析产生的文件是在对现实的岗位进行分析的基础上编制出来的，工作设计形成的文件是从组织目标出发，综合考虑企业的任务、战略、文化、流程、环境等因素，采用科学的方法设计出来的，因而没有现实的参照物。

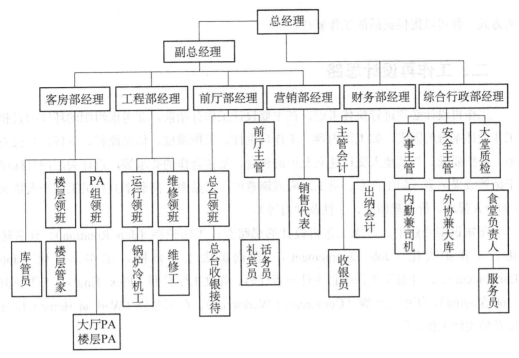

图 4-4 某酒店岗位关系结构图

 第四节 工作再设计

工作再设计是对于工作内容、工作职能、工作关系的重新设计，其深受于 20 世纪 50 年代在美国兴起的双因素激励理论的影响，形式有工作轮换、工作扩大化、工作丰富化、弹性工作时间、工作自治、社会技术系统模型等。工作再设计的目的一方面是使工作更加有趣，对员工更有吸引力，也使工作更加有效，另一方面能促进员工更多的自我激励，使他们发挥更多潜能。工作再设计是改善员工工作生活质量的有效工具。

一、工作设计

工作设计就是重新设计员工的工作职责、内容和方式，工作再设计是指重新确定所要完成的具体任务及方法，同时确定该工作如何与其他工作相互联系起来的过程。

工作再设计是为了提高生产力和改善工作质量而对某些具体工作内容和安排进行改变的过程。工作再设计用于低增值工作任务管理的自动化、计算机化、内部资源和外部资源等方面。根据不同的方案，工作任务可以被重新设计成为更广泛、更充实、可交替的方式,并可以提供灵活的工作安排。

二、工作再设计思路

工作再设计必须进行整体考虑,在主要设计工作开始前,要考虑组织的环境因素和工作设计本身的因素,如工作内容、工作自主性、工作难度、信息流程、责任、职权关系、协作要求、与其他人交往建立友谊的机会、集体合作的要求等,设计关注的目标在于绩效成果因素(如生产率、员工反应或满意度、出勤率、离职率)和员工的个人特征(如个人需求、价值观倾向、个性及学习等)。

在知识型企业中,考虑工作再设计的思路有:工作轮换(Job Rotation)、任务转化、工作扩大化(Job Enlargement)、横向扩大工作范围、工作丰富化(Job Enrichment)、增加员工工作的自主性与责任感、弹性工作时间(Flex Time)、工作分担(Job Sharing)、压缩工作周(Compressed Workweek)、在家办公(Work at Home)以及所谓的柔性工作设计。

三、工作再设计的常见形式

1. 工作再设计岗位轮换

所谓岗位轮换,是指将员工由一个岗位调到另一个岗位以扩大其经验的方法。传统的工作再设计强调劳动力的"专业化",它用严格的标准、科学的方法将员工培训成为本行业的"能手"后,就将该员工与岗位的匹配固定下来,希望员工熟能生巧,创造更高的效率。然而事与愿违,这些"能手"的工作效率在达到一定水平后,往往产生"专业化"所带来的劳动力"单一化",成为员工厌倦感的来源,也是企业整体效率下降以及企业内部缺乏活力的根源所在。而岗位轮换恰好能够解决这个问题。

2. 工作再设计岗位扩展

岗位扩展又称扩大化,是指通过增加岗位的工作内容,使一个员工同时承担多项工作,改变原来工作范围窄、简单重复的情况,形成广泛的工作范围和较少的工作循环重复的一种工作设计方法。岗位扩展是工作广度的横向扩展。如原本一名工人仅负责拧螺丝,而岗位扩展则会把整个上底盘的工作都交给他负责,那么一项工作变成了数项工作。工作种类多了,所需的动作技能多样化了,工作更有意义了。

岗位扩展并不是随意的扩展,给员工增加的工作一般都与其先前工作在性质上相似、程序上相连,这样可以使员工不经培训即可胜任,节省了招聘新员工所需的培训费用;工作程序上的连贯性则避免了产品或任务在不同员工之前的传递,减少了交接的程序,节省了时间。另外,从员工成就感角度而言,以前所从事的仅仅是一大项任务中很微小的一部分，个人在整个工作中的地位感不清晰，而进行了岗位扩展之后，员工完成的是一个较大的单元，甚至整个产品，这对员工的个人价值是很好的肯定，可以极大地激发员工去掌握更多知识和技能，丰富工作经验。

岗位扩展存在的弊端就是，对于那些需要层次较低的员工，获得更高的报酬是他们工作的唯一目的，他们并不认为增加一些额外的工作是权力和责任的象征，而是把它当作一种额外负担，这时，岗位扩展不仅起不到激励效果，还会助长负面情绪的产生。岗位扩展使员工疲于更换工作，单一的动作变得复杂，也是许多员工不愿意看到的。因此，在实施岗位扩展之前，调查员工的实际需求、因人而异、对症下药是十分重要的。

3. 工作再设计工作丰富化

工作丰富化是指通过工作内容和责任层次的基本改变，使员工在计划、组织、指挥、协调、控制等方面承担更多责任的工作设计形式。工作丰富化是工作的纵向扩展，它不仅给员工分派了更多的工作任务，还为员工提供了获得更多赏识、进步、成长和职责的机会。在挑战性工作和自主性工作氛围的双重刺激下，员工可以更好地发挥主观能动性，更优异地完成任务。

授权和信任是工作丰富化有效实施的前提。工作丰富化要求每一名员工都必须自行规划、设计工作，自行控制生产的速度和品质，自行负责工作的成果并承担相应的责任。在这种高度"自治"的背后，管理者的授权和信任是必不可少的。在承担责任的同时权力充分下放，相信员工的个人能力和优秀品质可以圆满完成任务，不时时监管，不横加指导，让员工成为工作的主人。

工作丰富化的局限性在于，更多的工作职责就意味着更多的知识和技能，因而企业必须增加培训成本以及整修和扩充设备的费用，还需要付给员工更高的报酬。这就要求企业有相应的薪酬体系和良好的工作环境。没有这些辅助设备，而一味增加员工的工作内容和层次，只会起反效果。

4. 工作再设计弹性工作制

弹性工作制是指在完成规定的工作任务或固定的工作时间长度的前提下，员工可以灵活自主地选择工作的具体时间安排，以代替统一、固定的上下班时间。弹性工作制是对传统工作安排进行的重组或再设计，员工可以用这种新型的日程安排，在不损失工作时间的情况下，满足个人多样化的时间需要，包括履行家庭职责、生病求医、日常社交活动等。

（1）弹性工作制的实施形式。

① 核心时间与弹性时间结合制。这种形式的弹性工作制主要由核心时间、带宽时间和弹性时间组成。核心时间是每天的工时中所有员工必须到班的时间，这个时间段里可能会有会议安排，或是重大事件需要集中处理。带宽时间界定了员工最早到达和最晚

离开的时间,核心时间被包括其中。弹性时间则是员工根据个人需要,可以自由选择的时间,只有全部工时得到完成,每天的弹性时间可以有不同。这种工作制主要被小型公司采用。

② 成果中心制。这种形式的弹性工作制是以任务的完成为指标的,员工只需要在所要求的期限内按质按量完成任务即可获得薪酬,具体的时间进度安排可根据个体差异,将工作活动调整到身心状态最佳、最具生产率的时段内进行。

③ 紧缩工作时间制。这种形式的弹性工作制可根据员工个人实际能力,通过增加每天的工作时间长度,使一个完整的工作周在少于五天的时间内完成。剩余时间或休假或娱乐,由自己处理。

④ 全日制工作与临时雇员队伍相结合制。目前一些企业正在向"双轨雇用制"的方向发展。其中,核心轨道是全日制的正式雇员队伍,辅助轨道则是机动灵活的临时工队伍,两者互相配合。

(2) 弹性工作制的优点。对员工而言,灵活的时间使员工对个人的工作安排有了更大的自主权,在平衡工作与生活时有了更大的机动性,自尊、社交需要得到满足,满意度更高;对雇主而言,不必困扰于员工的缺勤和迟到现象,公司设备得到更优化地使用,办公资源紧张的情况将得到缓解,利用了员工的高峰时间优势,避免"出工不出活"的尴尬局面,企业形象得到提升;对于顾客而言,企业拉长了工作时间,更多的人可以得到服务。

(3) 弹性工作制的局限性。首先,在制度建立之初,必须对岗位的工艺流程和技术规范进行严密的考察和规划,能进行精确的个体工作绩效(质量、数量)考核的工作才适合实行该制度;其次,必须考虑到监管上的安排,要确保有充足的员工可以轮班,有良好的沟通协作渠道避免"盲点",有严密的管理规章制度保证实施的有条不紊;另外,某些岗位的特殊性使其无法实施弹性工作制,如接待员、销售员等。

第五节　柔性工作设计

在知识经济时代,企业最重要的资产是员工的热情和忠诚,人力资本不像设备和工厂,它可以离开企业并为对手效力。然而,现在仍有很多管理人员在逐渐破坏员工对公司的认同感,因为他们让有才华的人待在能出色完成任务但是一点也不感兴趣的工作岗位上。为了更好地激励和留住人才,人力资源管理工作必须进行一项艰难的而有价值的任务——柔性工作设计。

一、柔性工作设计的特征

柔性工作设计是以传统工作设计为基础,对传统工作设计的扬弃。柔性工作设计在实践中可以采取多种形式,但从中也可以概括出五个特征,如表 4-8 所示。

表 4-8 柔性工作设计的特征

特 征	内 容
工作组成	所有工作由管理工作和员工工作组成
管理工作	管理工作分两部分:一部分是传统工作设计中的以部门为管理对象的管理工作(简称管理工作 1);另一部分是在传统工作设计中的管理工作的基础上增加的,以"项目""业务"为对象(简称管理工作 2)
对应层次划分	管理工作 1 主要分为正(副)部门经理、正(副)总经理等;管理工作 2 也分为多个层次并与管理工作 1 的层次划分相对应
薪酬分配制度	管理工作 1 与管理工作 2 坚持同层次同待遇原则
全通道岗位流动	实行全通道岗位流动模式,管理工作 1 的员工可以横向流动到管理工作 2,管理工作 2 的员工也相同;员工工作层次的员工可垂直攀升到管理工作 1 和管理工作 2

二、柔性员工系统

图 4-5 为柔性员工系统图,根据 Atkinson(1985)"柔性组织模型",借鉴虚拟人力资源的分类标准,以及人力资源的价值性和独特性及实践中员工的雇用性质,可以将企业员工分为核心员工、一线外围员工、二线外围员工和外部员工。

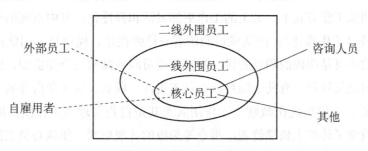

图 4-5 柔性员工系统图

人力资源的价值性是指人力资源自身拥有的知识、技能、技术等对组织提高效益和效率、开发市场、消除潜在危机、提高顾客满意度等方面的战略作用。通过这些价值性活动帮助组织获得竞争优势和发展核心能力。人力资源的独特性是指组织内部的独有性和外部的稀有性。因此,我们可以把企业中的各类员工依据这两个标准划分入四个类别,形成人力资源分类图,如图 4-6 所示。由图 4-6 可知,各类员工具有如下特征:二线外围员工(低价值性、低独特性)、外部员工(低价值性、高独特性)、核心员工(高价值性、高独特性)、一线外围员工（高价值性、低独特性）。

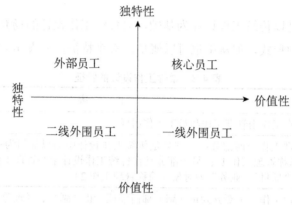

图 4-6 人力资源分类图

三、柔性工作设计

柔性工作设计要根据柔性员工系统进行灵活的工作设计。由工作设计的基本原则我们可以看出，员工的需要由于他们的知识与技能水平、工作性质和家庭物质生活条件的不同而不同，企业的工作设计想要有效地达到组织目标，必须采取能够满足员工需要的工作内容、工作职能和工作关系设计方案。

1. 针对核心员工

核心员工工作设计应该放弃以个体为组织基本单位的观念，而应以团队作为组织的基本单元，团队工作方式下，员工的工作更加灵活和弹性化，其中重要的变化是用"角色描述"代替"工作描述"。团队成员的职责安排弹性化、模糊化，团队内部工作关系的和谐依靠的不仅是明确的职责安排，更需要成员间的默契与合作意识。团队能够促进核心员工参与决策过程，有助于满足核心员工责任、成就、认可和自尊的需要，参与本身可以为核心员工提供内在激励。工作团队尤其是自我管理型工作团队的工作组织形式，彻底地改变了传统上依靠管理、指令等刻板的管理形式，使核心员工的个性和创造性得到了极大的发挥。

2. 针对一线外围员工

对于一线外围员工而言，他们主要是从事传统事务的员工，所从事岗位的要求相对专业化，要求对知识技能熟练掌握，设备操作技能要规范、标准，但对创新能力的要求并不高。如标准化技能的会计、统计员等。因此其工作设计的重点是详细的工作分析和清晰的工作说明书。其目的是通过一系列的科学方法对岗位的工作内容和岗位对员工的素质要求进行分析，并且以规范的文件（职位说明书）予以确定和表述。

3. 二线外围员工

他们主要是指在该企业从事辅助生产的人员和在一线生产的合同制工人（即劳务工）及临时工。这些员工难以进入企业的内部劳动力市场，只能处于外部市场。其工作特点是工作活动单调重复，技能要求低，限制工作中的社会交往。因此工作设计的核心是具有明确的工作定义，特点是强调工作任务的简单化、标准化和专业化，并以此来获取工作活动的高效率。

4. 外部员工

外部员工一般是素质高、知识技能水平高的人员，这些人员通常是由其他雇主雇用的人员以及自雇用的人员，不是企业的内部正式员工，但他们拥有企业所缺乏的专业能力，因此成为企业的合作伙伴，包括为企业提供定制化服务的法律顾问、管理咨询机构、投资银行、会计师事务所等。其工作设计一般采取团队导向，外部员工的工作结果只要符合企业的要求和目标即可，对其工作形式和工作地点等没有具体的要求，因此外部员工的工作自主性较大。

第六节 定岗定编定员实务

定岗定编定员是企业岗位管理中的一项基础性的工作，可以简称为组织的"三定工作"，是企业在战略的指导下，通过组织结构设计和职能的分解，在设置岗位的基础上确定企业的员工编制，进而确定相应职位的工作人员的管理活动。企业通过定岗定编定员才能达到"事事有人做、人人有事做、岗位无重复、工作无遗漏"的目的。

一、"三定工作"概述

"三定工作"涉及企业业务目标的落实、员工能力和数量的匹配，从而影响到企业运营成本的降低和效率的提高。主要工作思路是：①以战略为导向，强调岗位与组织和流程的有机衔接，要与提升流程的速度和效率相配合，并有明确的岗位和编制体制。②以现状为基础，强调岗位对未来的适应。一方面，必须以岗位的现实状况为基础，充分考虑岗位价值发挥的基础条件；另一方面，也要充分考虑组织的内外部环境的变化、组织变革与流程再造、工作方式转变等一系列变化对职位的影响和要求。③以工作为中心，强调人与工作的有机融合。充分考虑任职者的职业素质与个人特点；体现职位对人的适应，处理好岗位与人之间的矛盾，实现人与职位的动态协调与有机融合。④以分析为手段，强调对岗位价值链的系统思考。不仅是对职责、任务、业绩标准、任职资格等要素的简单罗列,而是要在分析的基础上对岗位价值链上每个环节应发挥的作用做系统思考。包括该岗位对组织的贡献,与其他岗位之间的内在关系,在流程中的位置与角色,其内在各要素的互动与制约关系等。

1. 定岗定编定员的特点

(1) 必须在企业的战略方向确定的情况下进行。

(2) 必须在企业具备一定的业务规模的基础上进行。

(3) 具有一定的时效性。

(4) 不仅要在数量上解决好人力资源的配置问题,而且还要从质量上确定录用人员的标准,从组织结构上实现人力资源规划的合理配备。

2. 工作分类

企业中的各种工作职位的数量可能会很多,而具体的职位随时间变化的可能性也很大,有新的产生,有旧的消失。所以定编时没有必要对所有的工作上的人员配备都进行确定,而只需要对那些关键的工作或某几类关键的工作进行确定即可,所以企业需要通过工作分析对不同的工作进行分类,工作分类示意表如表4-9所示。

表4-9 工作分类示意表

类别	工作簇	描述
管理类	信息管理	包括对企业数据库管理、系统维护、网络维护、硬件/软件管理等工作
	财务管理	包括从事成本分析、成本费用核算、预算编制、收支账务管理、税费缴纳、固定资产管理等工作
	行政管理	
	行政总务	包括从事行政、后勤、文秘、档案、保卫等工作
	人力资源	包括从事薪酬、绩效、培训、招聘、福利等工作

3. 定岗定编定员的操作流程

定岗定编定员的操作流程示意图如图4-7所示。

4. 定岗定编定员的原则

(1) 科学合理。就是从本单位的实际出发,结合企业自身的技术水平、管理水平、员工素质和劳动生产率等因素,在符合人力资源管理的一般规律的要求下,做到"精简有效"。

(2) 各类人员比例要协调。要正确处理直接与非直接经营人员的比例关系,正确处理直接与非直接经营人员内部各职位之间的比例关系,合理安排管理人员与全部员工的比例关系。管理人员所占比例与企业的业务类型、专业化程度、员工素质、企业文化等一些其他因素有关。

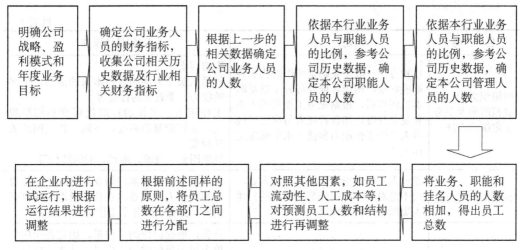

图 4-7 定岗定编定员的操作流程示意图

（3）人员要专业。定岗定编定员是一项专业性、技术性很强的工作，从事这项工作的人员要具备比较高的理论水平和丰富的业务经验。

二、"三定工作"的方法

进行定岗定编定员的具体设计，需要先理顺工作流程。要做到"人、岗、事"之间的匹配，其中"事"是基础。但做同样的"事"采用的流程可以是很多的。不同的工作流程必然造成岗位设置的不同。优化的流程可以给出最有效的岗位设置，而陈旧的流程很容易造成岗位工作的低效率。因此，定岗定编定员必然涉及的一项前提性工作就是采取科学的方法。

定岗定编定员的方法如表 4-10 所示。

表 4-10 定岗定编定员方法汇总表

名　称	定　义	公式/具体操作
劳动效率定编法	根据生产任务和员工的劳动效率以及出勤率等因素来计算工作人数的方法	根据计划期规定的生产任务总量和工人的劳动效率及出勤率来计算定编人数
业务数据分析法	根据企业历史数据和战略目标，确定企业在未来一定时期内的工作人数	根据历史数据（业务数据/每人）及企业发展目标，确定企业短期、中期、长期的员工编制。业务数据包括销售收入、利润、市场占有率、人力成本等
本行业比例法	按照企业职工总数或某一类人员总数的比例来确定工作人数的方法	计算公式：$M=T\times R$；M=某类人员总数；T=服务对象人员总数；R=定员比例

续表

名 称	定 义	公式/具体操作
按组织机构、职责范围和业务分工定编的方法	这种方法一般是先确定组织结构和各职能科室，明确各项业务分工以及职责范围以后，根据业务工作量的大小和复杂程度，结合管理人员和工程技术人员的工作能力和技术水平确定工作人数	影响因素： 管理人员个人的因素：本人的能力，下属的能力，受教育的程度等 工作因素：工作的标准化程度和相似程度，工作的复杂程度，下属工作之间的关联程度 环境因素：技术、地点、组织结构等
预算控制法	通过人工成本预算来控制在岗人数，而不是对某一部门的某一岗位的具体人数做出硬性的规定	部门负责人对本部门的业务目标、岗位设计和员工人数负责，在获得批准的预算范围内，自行决定各个工作的具体人数
业务流程分析法	根据员工的工作效率、流程和业务目标确定工作人数的方法	首先，根据岗位的工作量，确定各个岗位单个员工单位时间工作量；其次，根据业务流程衔接，结合上一步骤的分析结果，确定各岗位编制人员比例；最后，根据企业总的业务目标，确定单位时间流程中总工作量，从而确定各岗位人员编制
管理层、专家访谈法	根据管理层和专家两方面的信息确定人数的方法	通过管理层获得的信息：（1）下属员工工作量、流程的饱满性，员工编制调整建议；（2）预测其下属员工一定期限之后的流向：提升、轮岗、离职，统计各部门一定期限之后的员工数目。通过专家访谈获得的信息：国内同行业、国外同行业各种岗位类型的人员结构信息（包括管理层次和管理幅度等）

以上方法中劳动效率定编法是基本方法，实际工作中通常是各种方法结合使用，参照行业最佳案例来确定企业的工作人数。

三、"三定工作"的公式

1. 劳动效率定编法

   定编人数=计划期生产任务总量/(员工劳动×出勤率)

工人以劳动定额进行管理。

2. 时间定额法

工人以时间定额进行管理。

   定编人数=计划期生产任务总量/(制度工作时间×平均完成定额率×出勤率)

3. 产量定额法

工人以产量定额进行管理。

   定编人数=计划期生产任务总量/(制度工作时间×出勤率×产量定额×平均定额率)

4. 设备定编法

根据机器设备的数量、设备开动班次和工人看管设备的定额来计算定编人数。适用于以机器设备操作为主的工种，特别是有大量同类型设备的岗位。

5. 单机台设备定编

如机器制造企业的各类机床，冶金企业的高炉、平炉、转炉、炼焦炉、轧钢机，发电企业的发电机组，以及化工企业的管道化生产设备等。

基本定编人数=(台班定编×设备开动台数×班制数)/出勤率

6. 多机台设备定编

如纺织企业的织布机，石油化工企业的各类泵等。

基本定编人数=(设备开动台数×每台设备开动班次)/(工人看管定额×出勤率)

7. 岗位定编法

根据工作岗位的多少以及岗位工作量大小来确定定编人数。

使用连续生产装置或设备组织生产的企业；不操纵设备又不实行劳动定额的辅助生产人员和服务人员。

8. 设备岗位定编

在设备开动的时间内，必须由单人看管或多岗位多人共同看管的场合。

班定编人数=共同操作的岗位生产时间总和/(班工作时间−个人休息时间)

9. 工作岗位定编

有岗位没设备又不能实行劳动定额的人员。如检修工、检验工、值班电工、茶炉工、警卫人员、清洁工、文件收发员等。

主要根据岗位工作任务、岗位区域、工作量、倒班情况来确定定额。

10. 比例定编法

按照占职工总数或某一类人员总数的一定比例来确定定编人数。

主要适用于确定直接生产人员与非直接生产人员、基本生产工人与辅助生产工人、各个工种之间以及食堂、卫生保健人员的定编。

定编人数=职工总数或某一类人员总数×比例

案例分析

汽车制造业是瑞典工业中一个重要领域，沃尔沃（Volvo）汽车公司是其中的佼佼者。按全世界标准，它算不上大公司。20世纪60年代中期，它的汽车出口业务占全部销售额的70%，虽仅占世界汽车市场的2.5%，却已占瑞典全年出口总额的

8%以上，可称举足轻重了。该公司的管理本来也是一直沿用传统方法，即重技术、重效率、重监控。直到1969年，工人的劳动态度问题已变得十分尖锐，使该公司不得不考虑改革管理方法了。

沃尔沃公司领导分析了传统汽车制造工作设计，认为它最大的问题是将人变成机器的附庸。所谓装配线不过是一条传送带穿过一座充满零部件和材料的大仓库罢了。这套生产系统的关键点是那些零部件，而不是人。人只是分别站在各自的装配点上，被动地跟在工作件后面，疲于奔命地去照样画葫芦而已。这套制度的另一个问题，是形成了一种反社交接触的气氛。工人们被分别隔置在分离的岗位上，每个岗位的作业周期又那样短（一般为30~60秒），哪容他们偷闲片刻去交往谈话？

沃尔沃先是设法用自动机器来取代较繁重艰苦的工作，不能自动化的岗位则使那里的工作丰富化一些，又下了些本钱，将厂房环境装饰得整洁美观。目的是想向工人表明，公司是尊重人的。但随即他们发现这些办法治标不治本。公司觉得在工作方面要治本，必须进行彻底的再设计。他们在当时正在兴建的卡尔玛新轿车厂，进行了一次著名的试验。

卡尔玛轿车厂总的设计原则，是希望体现以人而不是以物为主的精神，因而取消了传统的装配传送带。以人为中心来布置工作，就是要使人能在行动中互相合作、讨论，自己确定如何来组织工作。管理要从激励着眼，而不是从限制入手。只有对孩子才需要限制，对成熟而自主的成人则宜用勉励而不是监控。所以，该厂工人都自愿组成15~25人的作业组，每组分管一定的工作，如车门安装、电器接线、车内装潢等。组内可以彼此换工，也允许自行跳组。小组可自行决定工作节奏，只要跟上总的生产进程，何时暂歇、何时加快可以自定。每组各设有进、出车体缓冲存放区。

这个厂的建筑也颇独特，由三栋两层及一栋单层的六边形厂房拼凑成十字形。建筑的窗户特别大，分隔成明亮、安静而有相对独立的小车间。

没有了传送带，底盘和车身是由专门的电动车传送来的。这种车沿地面敷设的导电铜带运动，由计算机按既定程序控制。不过当发现问题时，工人可以手动操作，使它离开主传送流程。例如见油漆上有一道划痕，工人便可把它转回喷漆作业组，修复后再重返主流程，仍归计算机制导。车身在电动车上可作90°滚动，以消除传统作业中员工因姿势长期固定而引起的疲劳。

各作业组自己检验质量并承担责任。每辆车要经过三个作业组后，才进入检验站由专职检验员检查，将结果输向中央计算机。当发现某质量问题一再出现时，这个情况立即在相应作业组终端屏幕上显示出来，并附有以前对同类问题如何排除的资料。这屏幕不仅报忧，也同时报喜，质量优秀稳定的信息也及时得到反馈。产量、生产率、进度数据则定期显示。

据 1976 年的调查，几乎该厂全体职工都表示喜欢新方法。沃尔沃公司便又陆续按这种非传统方式建造了另四家新厂，每个厂规模都是不到 600 名职工。这一改革当然冒了颇大的风险，因为一旦失败，不仅经济上代价高昂，公司内外信誉也会遭受巨大损失。卡尔玛的成功鼓励他们再进一步。

卡尔玛改革的核心是群体协作，工人以作业组为单元活动。但这是一个另起炉灶的新建小厂，同样的方法是否也能用于按传统观点设计并运转多年的大型老厂呢？这是一种颇为不同而风险更大的改革尝试。沃尔沃在西海岸哥德堡市建有一家 8 000 人的托斯兰达汽车厂，是 1964 年完全按传统装配线设计建造的。它生产的汽车构成该公司产品的主体，改造略有不慎而影响生产，损失将是极为巨大的。

这个厂工作再设计的试验不是公司总部指导的，是由该厂管理人员在工会和全体职工配合下自己搞起来的。这个厂设有吸收工人参加并有较大发言权的各级工作委员会及咨询小组 55 个，没有工人同意，改革寸步难行。因为任何改革总要引起短期的不习惯与不方便，工资制度上也要适应由个人奖到小组集体奖的转变。其实，这个厂早就酝酿并在逐步试行着工作再设计，所以与其说托斯兰达厂是紧跟卡尔玛厂，毋宁说前者是后者的摇篮。因为后者的许多办法是先在前者试行的。例如卡尔玛那种电动装载车以及使车身翻侧使工人不必蹲在地坑里仰头向上操作的装置，都是从托斯兰达厂学的。

托斯兰达厂改革的第一步是放权，尽量使它的冲压、车身、喷漆和装配四大车间成为自主的实体，因为每个车间各有其独特问题，不能一刀切地解决。例如 1973 年，车身车间组成一个专题工作组来解决噪音与粉尘问题。车间主动请来专家，经过摸索，把这个车间变成了全公司最明亮整洁的场所之一。

又如车内装潢车间，流水线上设有 15 个装配点。早在这个厂刚投产的 1964 年，工人中就有人主张经常换岗位，因为总在同一岗位上工作，不但乏味，而且身体某些部位易疲劳。可是另一些工人不愿意，直到 1966 年这些工人才自己定了一套轮换制度，要求每人都学会这 15 个岗位上的操作技术而成为多面手，每天轮换一至数次，并自己负责检验自己做的活计和纠正缺陷。这时，他们不但体验到换岗能减轻劳累感，而且培养出一种群体意识。后来他们把全组工作的计划与检查都接收过来，使工作更加丰富化了，全组缺勤与离职率大幅度下降，工作质量也提高了。

这种现象在这个厂里颇为典型：一开始有相当一部份人抵制改革，随着同事间接触的增加，一个自发的以友谊与共同认识为基础的真正的群体（不是行政上硬性编成的班组）形成了。一旦真正的群体形成，就能做出许多超出原来预估的事来。工作从轮换到扩大化直至丰富化，人们对工作的满意感逐步增加。托斯兰达厂在 1970 年，仅 3% 的装配工人搞工作轮换，1971 年达到 10%，1972 年达到 18%，然后开始加速，1973 年达到 30%，1977 年已达 60%。改革自己的工作内容成了多数工人的自然要求。但总有少数人，特别是年纪偏大的，是始终不喜欢任何改变的。到1976年年末，这个厂的装配车间才开始有人与传统的装配线告别，组成了两个各有9人参加的作业组，每组承包一定辆数的汽车装配，作业改到装配工作台上去进行。9名组员什么都干，从底盘装配到车身与车门安装，直至最后内部装修与检验。每组每周要开数次生产组务会，研究生产情况及解决问题的办法。渐渐地，装配工作台完全取代了装配线。诚然，这种工厂的基建与设备投资要比常规厂高一至三成，占地面积也要大些。但沃尔沃公司声称它的得远大于失，赔钱的买卖它是不会干的。装配台平均约每小时装配成一辆车，生产率至少不低于装配线，而工人满意感大增，离职率从40%~50%降到25%，质量有所上升。尽管瑞典的劳力成本一直是全世界最高的，但沃尔沃却能保持一直赚钱，利润占销售额中的百分比仍属汽车业首位。

思考题：
1. 沃尔沃公司的工作再设计过程说明了什么？
2. 从沃尔沃公司工作再设计中我们能得到什么启发？

参 考 文 献

[1] (美) 恩尼斯特，麦克米克．工作岗位分析的方法与应用．安鸿章，等，译．北京：中国建材工业出版社，1991．

[2] (美) 加里·德斯勒．人力资源管理．北京：中国人民大学出版社，1999．

[3] 付亚和．工作分析．上海：复旦大学出版社，2006．

[4] 萧鸣政．工作分析的方法与技术．北京：中国人民大学出版社，2004．

[5] 朱勇国，邓洁．工作分析．北京：高等教育出版社，2007．

[6] 葛玉辉．人力资源管理．2版．北京：清华大学出版社，2008．

[7] 彭剑锋，张望军，朱兴东，等．职位分析技术与方法．北京：中国人民大学出版社，2004．

[8] 董临萍．工作分析与设计．上海：华东理工大学出版社，2008．

[9] 陈庆．岗位分析与岗位评价．北京：机械工业出版社，2008．

[10] 赵永乐，朱燕，邓冬梅，等．工作分析与设计．上海：上海交通大学出版社，2006．

[11] 周文，刘立明，黄江瑛．工作分析与工作设计——安盛人力资源管理操作实务手册．长沙：湖南科学技术出版社，2005．

[12] 刘昕．薪酬福利管理．北京：对外经济贸易大学出版社，2003．

[13] 张梅瑛．工作分析的理论和方法．济南纺织化纤科技，2006（2）．

[14] 冉斌．工作分析与组织设计．深圳：海天出版社，2002．

[15] 叶向峰，李剑．员工考核与薪酬管理．北京：企业管理出版社，2004．

[16] 朱勇国．工作分析与研究．北京：中国劳动社会保障出版社，2008．

[17] 李文东，时勘．工作分析研究的新趋势．心理科学进展，2006，14（3）．

[18] 孟海玲．工作分析面临的问题及解决对策．黑龙江对外经贸，2004（5）．

[19] 萧鸣政．不同视角下的工作分析方法．中国人才，2007（11）．

[20] 刘玉新，张建卫．工作分析方法应用方略．人力资源，2006（1）．

[21] 张同全，等．岗位分析中应注意的问题．中国人力资源开发，2003（3）．

[22] 李强．人力资源工作分析研究．科学管理研究，2006（1）．

[23] 刘李豫．工作评价——薪酬给付中的"公平秤"．中国人才，2005（9）．

[24] 寸晓刚. 工作评价研究透视. 企业经济, 2005（2）.

[25] 郑雁, 刘浩. 如何在酬薪管理中有效实施工作评价. 商业时代, 2006（7）.

[26] 陈维斌. 追求员工激励与组织绩效的人性化工作设计. 石油化工管理干部学院学报, 2004, 9（3）.

[27] 黄文颖. 工作分析, 你参与了吗？——参与互动法展开工作分析. 人力资源, 2006（1）.

[28] 薛献华. 提高工作分析质量的几大要诀. 人力资源开发, 2005（5）.

[29] 滕久桢, 贺波. 基于工作分析的员工绩效考核流程探析. 现代商业, 2007（10）.

[30] 陈汉良, 王萍. 工作分析在管理中的作用. 四川劳动保障, 2003（8）.

[31] 林泽炎. 工作分析的价值何在. 中外管理, 2001（11）.

[32] 王秀萍, 封殿胜. 做好人力资源规划的三个关键词. 销售与管理, 2007（12）.

[33] 蒋胜永. 现代薪酬管理模式的选择与应用. 企业经济, 2008（3）.

[34] 毕梦姝. 现代企业的薪酬管理. 青海师范大学学报: 哲学社会科学版, 2007（11）.

[35] 孙健敏. 人力资源管理中工作设计的四种不同趋向. 首都经济贸易大学学报, 2002（2）.

[36] 萧鸣政. 工作分析及其应用. 中国人才, 2007（8）.

[37] 刘传宏. 基于激励的工作设计方法选择. 商场现代化, 2006（6）.

[38] GAEL SIDNEY. Job Analysis. San Francisco: Jossey-Bass Inc., 1983.

[39] 李永杰, 李强. 工作分析理论与应用. 北京: 中国劳动社会保障出版社, 2005.

[40] 焦小谋. 企业人力资源管理——理论与案例. 北京: 北京科学技术出版社, 1997.

[41] 影响力中央研究院教材专家组. 写你所做——岗位分析的6大纲要. 北京: 电子工业出版社, 2009.

[42] 陆雄文. 管理学大辞典: 上海: 上海辞书出版社, 2013.

[43] 刘永芳. 管理心理学. 北京: 清华大学出版社, 2014.

[44]（美）罗伯特·D. 盖特伍德, 休伯特·S. 菲尔德. 人力资源甄选. 薛在兴, 等, 译. 5版. 北京: 清华大学出版社, 2005.

[45] 安鸿章. 岗位研究的理论与实践. 北京: 中国建材工业出版社, 1991.

[46] 郑晓明, 吴志明. 工作分析实务手册. 北京: 机械工业出版社, 2002.

[47]（奥地利）弗雷德蒙德·马利克. 管理成就生活. 李亚, 等, 译. 北京: 机械工业出版社, 2013.

[48] 甘华鸣, 卢东斌. 最新企业组织人事管理实务指南. 北京: 企业管理出版社, 1995.

[49] 陈俊梁, 陈瑜. 工作分析: 理论与实务. 北京: 中国人民大学出版社, 2017.

[50] 万希. 工作分析: 人力资源管理的基石. 北京: 电子工业出版社, 2017.

[51] 李强. 工作分析: 理论、方法及应用. 北京: 科学出版社, 2015.

[52] 付亚和. 工作分析. 2版. 上海: 复旦大学出版社, 2009.

[53] 潘泰萍. 工作分析: 基本原理、方法与实践. 2版. 上海: 复旦大学出版社, 2018.